吕思勉手稿珍本叢刊

中國古代史札録

21

吕思勉 著

四裔（東）
四裔（西）一

第二十一册目録

四裔（東）
札一……一
札二……四九
四裔（西）一
札一……二〇九

四裔（東）

四命（東）

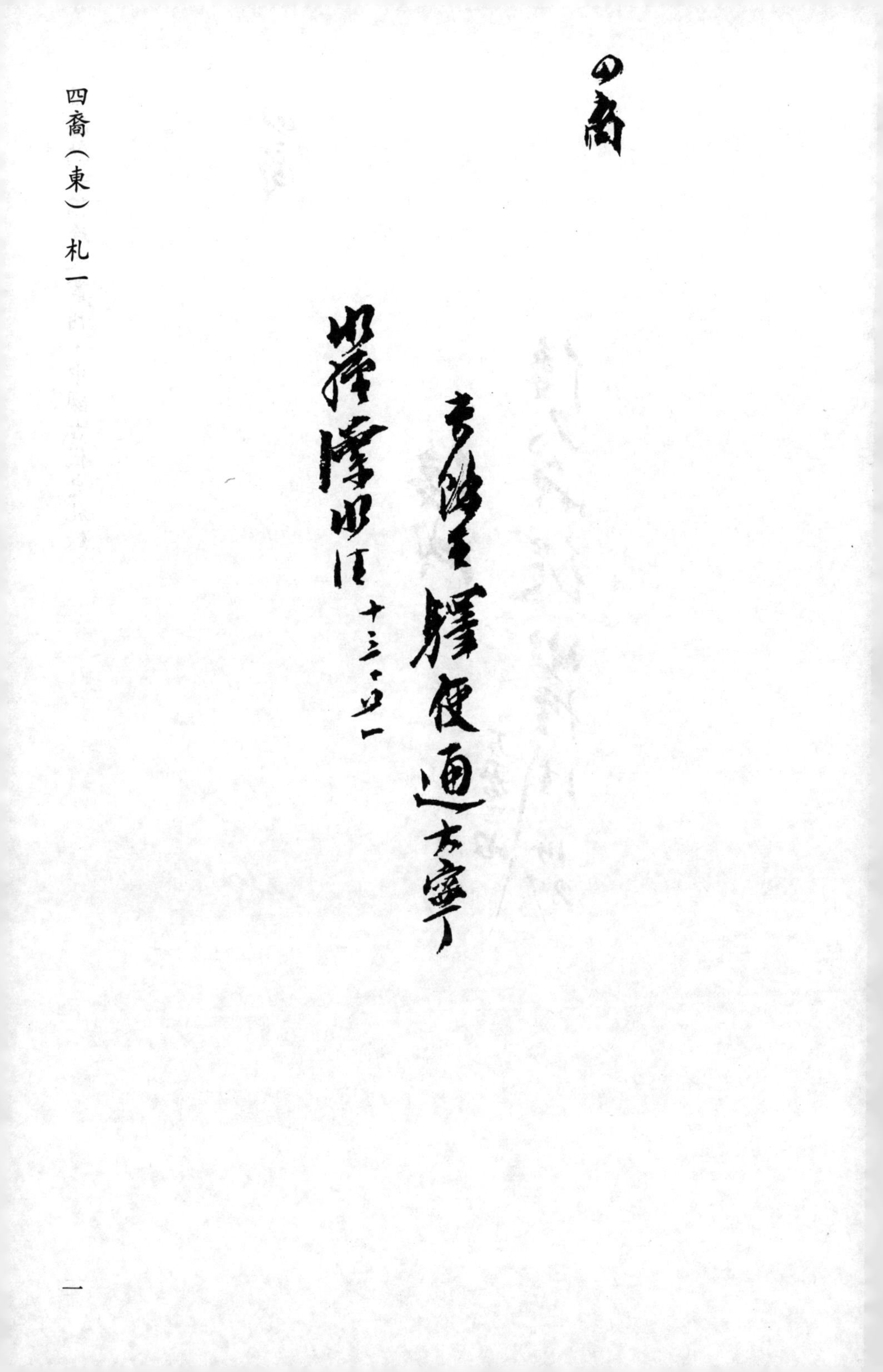

四裔

の商

倭城

倭人所從出經閩 [illegible] 14 27

新羅

（陳書）宣帝太建二、三、十、献，見紀

北齊书河清四以金真興……武平三献

百濟

（梁書）（諸夷）天監元進號　普通二　中大通六　大同七

太清三　簡文立　皆使獻方物

（又）侯景傳（南史）是月（十二月）百濟使至見城邑丘墟於

端門外號泣行路見者莫不灑淚景聞之怒

執送小莊嚴寺禁止不聽出入　此事又見南史梁太宗紀（八十二）

（陳書）天嘉三王餘明　廢帝光大元　宣帝太建九　後主至德二獻　見紀

儒林傳陸詡　梁世百濟國表求講禮博士詔遣詡行

百濟求蕭子雲書見南史四十二

高句驪朝貢 晉書成帝紀咸康元（六） 康帝建元元（七上） 安帝義熙九（十六）

高句驪肅慎貢楛矢（105 6上）

石季龍謀伐昌黎，以船三百艘穀三十萬斛詣高句驪 106 4

東南校尉崔毖奔高句驪，伐慕容廆（108 2下）（109 2上） 慕容皝伐高句驪〔徙其人〕（109 1下 2上）（110 3上）（111 5下）（111 6） 高句驪衛送慕容評（113 5）

苻洛徵兵高句驪〔百濟〕（113 9下）

慕容盛以高句驪寇新城、南蘇（124 5） 熙攻木底（124 6） 高句驪寇燕郡（又7下）

馮跋弟丕投高句驪（125 9上） 弘亡于魏，奔高句驪（125 9下）

慕容垂載記 高句驪寇遼東，垂平北將軍慕容
容佐遣司馬郝景率衆救之，為高句驪所敗
遼東玄菟遂沒 在劉牢之救苻丕事至太元
十年 通鑑同
慕容農攻剋令支，殺徐巖兄弟 垂建節將軍叛 進伐高句
驪，復遼東玄菟二郡，還屯龍城 在苻丕奔晉
於以垂僭位
義熙元、二
鄧六 在太
元十年 通鑑同
與攻遼年則為高句陷 194下 馮跋後見務銀提
為遼東太守 125 87上

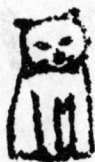

晋書載記慕容雲〻寶之養子也祖父高和句驪之支庶自云高陽氏之苗裔故以高為氏焉

即天要任

後裔高氏

魏書高句麗傳正始中世祖於東堂引見其使芮悉弗悉弗進曰高麗係誠天極累葉純誠地產土毛無愆王貢但黃金出自夫餘珂則涉羅所產今夫餘為勿吉所逐涉羅為百濟所并國王臣雲惟繼絕之義悉遷于境內二品所以不登王府實兩賊是為

又百濟傳延興二年其王餘慶始遣使上表曰臣與高句麗源出夫餘

夫餘女神

周書高句麗傳「有神廟二所一曰夫餘神刻木作婦人之象曰登高神云是其始祖夫餘神之子並置官司遣人守護蓋河伯女與朱蒙云

案河伯女不得爲夫餘氏似誤

百濟「王姓夫餘氏」

夫餘

第二節

上節說從春秋以前迄東西周間的情形，還未知若何。所以周初受封箕子於朝鮮，即在今日半島之地之說，我們雖承認這話，甚而指濊族的政治勢力言之，至於民族的移植則不在其內。兩者須要分清，不可誤會的。一 朝鮮以南的民族，據近來研究，卻有南北兩系的不同，北方一系自大陸南下，南方一系則自海路北上，東北之地也方似乎亦係如此。遼東之地半島本與朝鮮同，回本島居住，讀考說遼寧省所見的巨石遺跡全和朝鮮北部所見相同。其秘……總的阿薩密德于半島的遺跡都相類似。於太古時代，這種多地方的民族必然到有關係的，但其事已在史前了。更於有史時代，則燕齊兩國都曾擴大其勢力於東北方，此事在歷史上雖乏明確的記載，但觀於現在遼寧省發見的種種古跡，還足以資證明。（下）從燕國至郡以後，現今的遼東西，有較多入中國版圖，此時在中國塞外最有勢力的民族，就要推貊族

（丁）亞洲的東北部在有史以前民族的分部大概由西北而有異同的所以所謂石器遺跡亦不見於東三省的北部，至於有史時代則燕齊兩國是一種，從河北有走今山海關的路東出一種，山東半島浮海北上的。現在遼寧有中發見的古代遺物，以古人的墳墓為最多，其中石棺石槨僅於遼陽方面及太子河畔，瓦棺磚棺則偏於旅順一帶。後則然在北至遼陽而渤海灣方面尤多。磚與磚的結合在遼陽方面用漆，在旅順方面則用土。有文理之磚偏在半島方面，其文理又可與漢孝堂山武梁祠方面的花紋比附，這些似都可認為古代燕齊之民風俗的異點而表見於其移殖之地的。以上所說可參看鳥居龍藏的滿蒙古蹟考。得遼寧以西至於朝鮮所發見的古物屬於漢族的甚多，鳥居龍藏多以為漢代遺跡，然其時代還當上溯至戰國，以前因為在大石橋盤龍山發見燕國所用的貨幣——明刀，又所發見之物中銅器較多，鐵器較少，在漢代中國人直然還以銅為主，此而燕則於秦以降久已都使用鐵了。又所發見古代住居的瓦在[illegible]旅順方面的薄而精，而其居於高句麗的則重而厚，高句麗怕是受燕的影響的。這亦足以證明燕齊之民文化有異。但可參看拙撰民族史貉族篇及單行的貉族考（子）蘭

君於大夫將葬弔於宮及出命引之三步則止以義奪孝子宮殯宮出謂柩已在路如是者三君退退去也三命引之凡移九步朝亦如之哀次亦如之君弔不必於宮朝喪朝廟也次他日賓客所受大門外舍也孝子至此而哀君或於是弔焉○朝直遙反注同

疏君於至如之○正義曰此一節論君弔臣之禮君於大夫之喪將至葬時君必親往弔於殯宮謂就殯宮以弔孝子弔禮既畢及其柩出殯宮之門孝子號慕攀轅柩車不動君奪孝子之情命遣引之引者三步則止所以止者引者不忍頓奪孝子之情故且止柩住君又命引之引之者三步而止故如是者三君又命引之柩車遂行君便退去君或來弔參差早晚不必恒在殯宮或當朝廟明日將發之時亦如柩出殯宮命引之三步如是者三之事故云朝亦如之君弔或晚不及朝廟之時朝廟已畢柩出大門至平生待賓客次舍之處孝子哀其平生次舍之處停柩不行君於是始弔弔畢君命引之使行如上來之事故云哀次亦如之○注宮殯至在路○正義曰知此是殯宮者以下云朝及哀次以朝廟及出大門哀次之事此文在其前以事前後故知是殯宮也云出謂柩已在路者對宮中未行今已出殯門將往禰廟謂之在路賓踊以路謂載柩之車義亦通也○注退去至九步○正義曰鄭嫌退謂逡巡且退故云退去也云三命引之凡移九步者以禮成於三故知凡爲九步鄭必分明言九步者以經上云引之三步則止下云如是者三恐別更爲三通前爲四十有二步之嫌故明言九步也九步既停君又須命引之則當四命也或可君既三命柩雖三步暫停孝子更須有事君即退○注君弔至弔焉○正義曰君於大夫恩義或有厚薄或弔有早晚故云君弔不必於宮也宮謂殯宮也從上可知也知朝是喪朝廟者朝與哀次相對故知朝廟也柩之朝廟今日至廟明日乃去此弔謂明日將去之時故有命引之云次他日賓客所受大門外舍也者以覲禮諸侯受次舍于廟門外明大夫大門外亦有賓次也然主位在門東孝子必哀門西賓次者以平生門東待賓客無次孝子見門西張次之處而哀故云哀次云君或於是弔焉者以君弔正禮當於殯宮或於朝祖廟無門外君弔之禮君來弔或晚有邂逅於是弔焉故云或或是不定之辭

東夷コロボックルニ云其居址小竪穴土器[illegible]……

石器所作自古傳來

先住蝦夷 [illegible] 今猶以漁海岸居移

馬來型

蒙古型

高加索型

第三節 日本之興

朝鮮半島之東，即今日本。其地凡分四島：中本州最大，北曰北土，南曰四國、九州。北土之西北，接庫頁島，隔韃靼海峽，遥對黑龍江。其東北[illegible]千島，北與堪察加半島相聯。本州隔日本海與朝鮮相對。四國、九州，則南接琉球，西南隔朝鮮海峽與朝鮮相接。分布于其間之種族，古代凡分三派：一爲蝦夷人，一爲倭奴人，一即日本人自稱之大和民族也。

然蝦夷人原馬來種，中國所謂越族也。倭人者分布于五畿沿海之地，已見第二章第三節。其居日本地，以九州島之南部爲根據地。

倭奴族即今北海道之蝦夷。此族在古代蕃衍於日本全境。今小島惟北海道及琉球尚之而已。據人種學家云此種人在古代曾領有西伯利亞之北部及[illegible]。此種人所[illegible]乃東西[illegible]而從此入今歐洲。其後從此蔓延于西伯利亞之東北部及東之[illegible]今黑龍江流域及朝鮮之北部。猶有遺跡可以證明。以乃由黑龍江下流經庫頁島以入北海道。入日本之本土。益南至于琉球群島。

和族爲日本建國之主要人種。此種人爲[illegible]種[illegible]西伯利亞種。今日尚可實證。但其[illegible]種族爲一特別之[illegible]

此族在古代亦居今日本之西南部。而蔓延于中央各國之神語。左所謂天神七代地神五代者。極曲荒唐。無可徵信。此當為始于從國之所謂神武天皇。以東周惠王十七年辛酉歲自筑紫入大和。定居于橿原宮。今屬高市郡 白橿郡 實爲日本立國之始也。

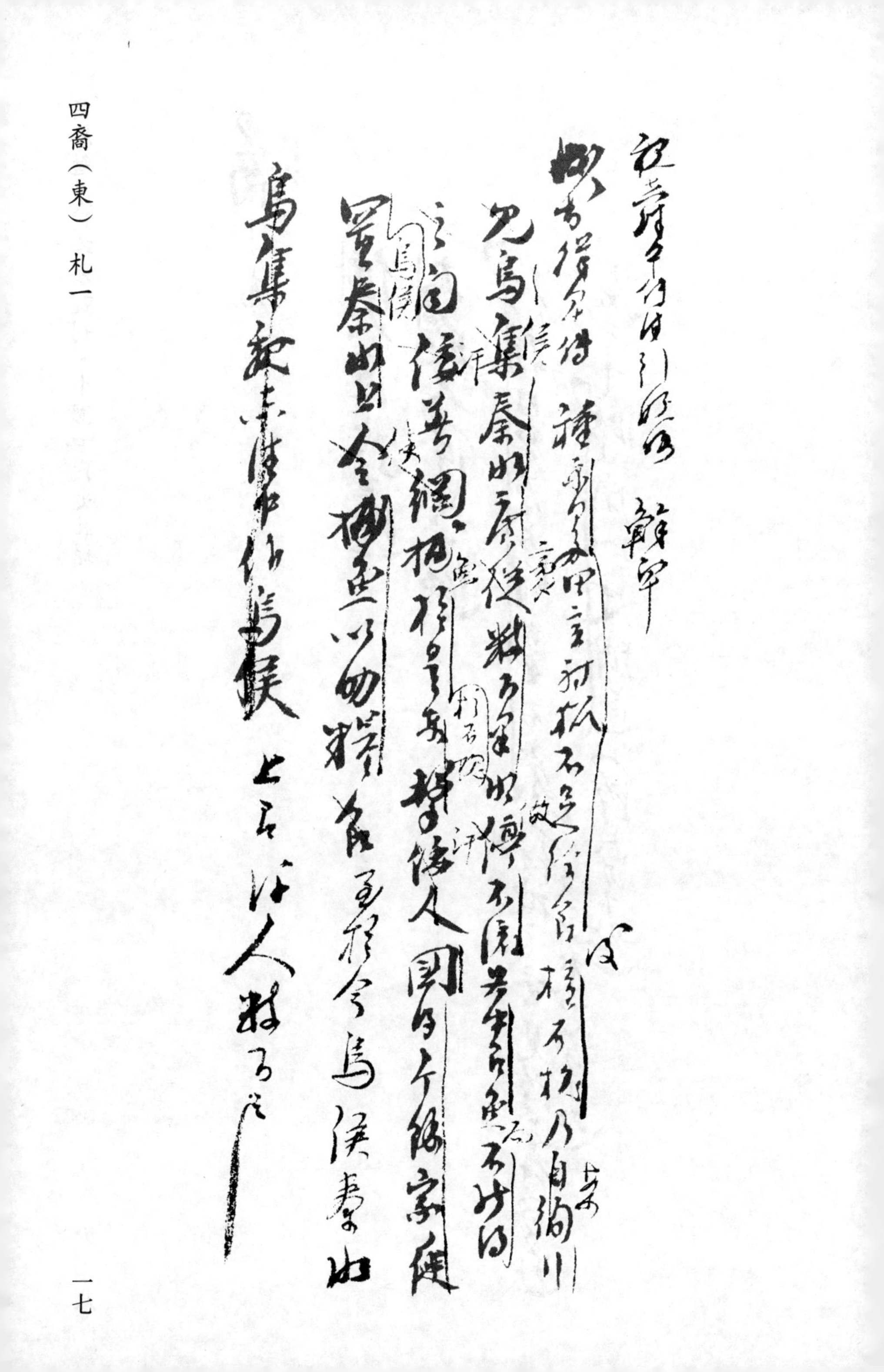

四裔——東

俚人（隋卅一下14上）

東鯷人（隋卅一下16下）

「俚獠以平原大澤占互不來」（俚獠之言見隋本傳（六五下）又之郭衣志廿五下九上）

蘇孝子「欲此處所建城邑」（隋六四下12上）

四裔一東

分

一錢如平分兩貫

◎商—东

日人對於秀西硬解釋的所揭日本印

中日交通史下冊199頁又227至229頁304頁

四裔—東

邪馬臺

即大和譯音

慕容廆滅夫餘見載記(108下)

永和三年慕容皝襲夫餘(109上)亦見恪傳(111上)

暐載記秦軍伐鄴散騎侍郎徐蔚等率扶餘高句麗及上黨質子五百餘人夜開城門以納堅軍

魏書高宗文成紀太安三年十二月于闐扶餘等五十餘國各遣使朝獻

魏書句麗傳云莫來征夫餘夫餘大敗遂統屬焉(100下)此書但云莫來征夫餘隋書乃云與兵遂為夫餘也

周書高麗傳云其朱蒙孫莫來漸盛擊夫餘而臣之

世祖時遣李敖往其所居平壤城訪其方事云此亦舊夫餘

東の

濊邑

見高麗史洪水傳 又引 律方補注勃海手

扁佳十六三頁　貊

○の一

爲岡一郎云下藏箱

少庵作市　三月

四年

西顥沆碭秋氣肅殺韋昭曰西方少昊也師古曰沆音胡朗反碭音蕩沆碭白氣之貌也含秀垂穎續舊不廢師古曰五穀百草秀穎成實皆因舊苗無廢絕也不榮而實曰秀葉末曰穎廢合韻音發姦僞不萌祇孽伏息隅辟越遠四貉咸服師古曰四貉猶言四夷辟讀曰僻貉音莫客反既畏茲威惟慕純德附而不驕正心翊翊師古曰純大也言畏威懷德者皆來賓附無敢騶息盡虔敬○宋祁曰虔敬下當添也字

西顥五　鄒子樂

漢書禮樂志郊祀歌

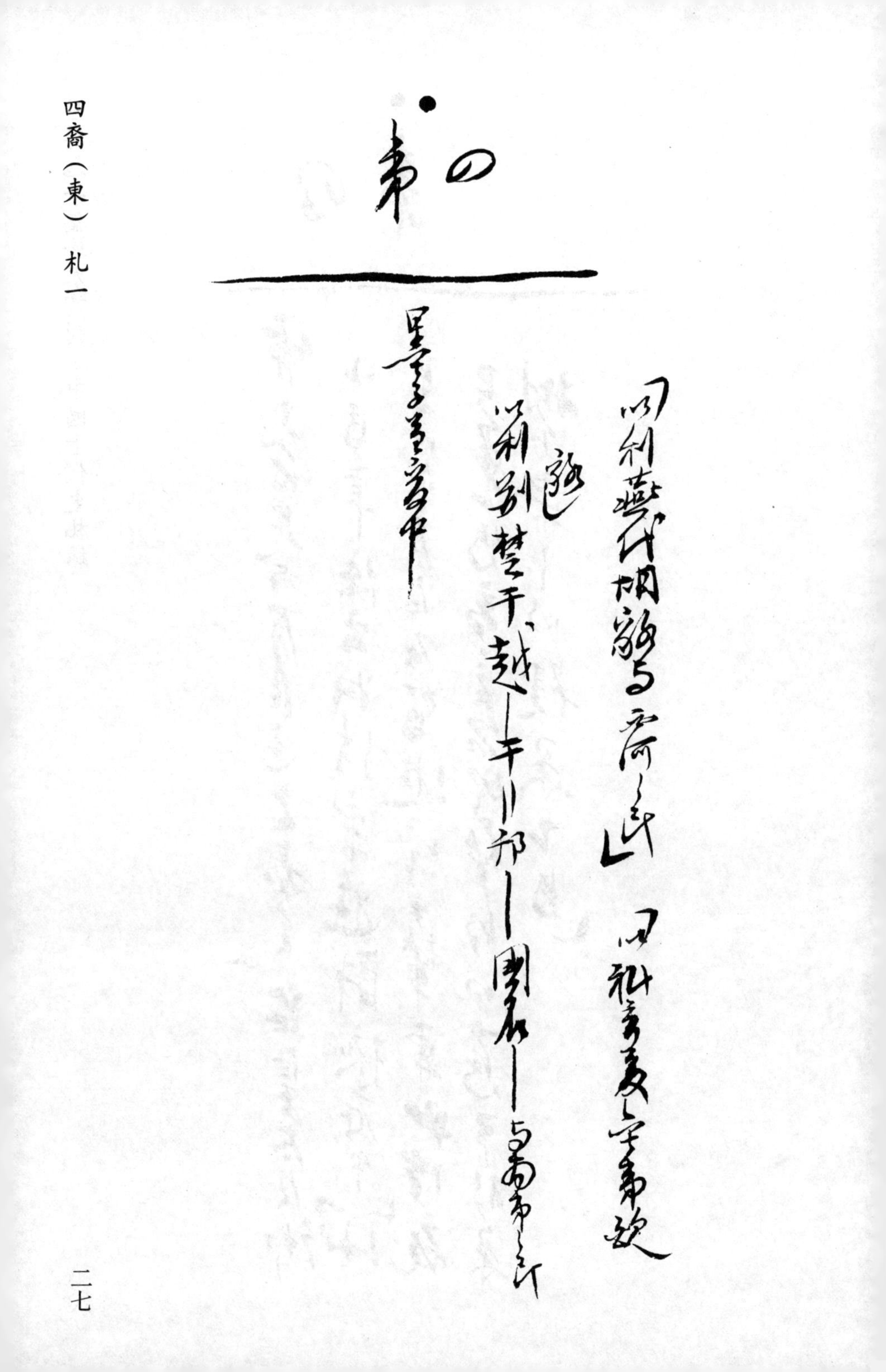

・秦の

霍夫人顯與[illegible]遂[illegible]皇太后御

小馬車，使官奴騎乘，遊戲掖庭中[illegible]

長[illegible]太后[illegible]進[illegible]車也[illegible]

昌邑王[illegible]

樹下乘[illegible]

四裔

中國古人好講一般美談

純粹從荀子有關於萬可知一看於鄙不值

蠻臥時頭嚮外而足在內而相交故云交趾。不火被髮者髮斷故也。衣皮有不粒食者矣者以無絲麻惟食禽獸故衣皮地氣寒少五穀故有不粒食者。衣羽毛於穴居者東北方多鳥故衣羽正北多羊故衣毛地寒至盛林木少故穴居其有不粒食者與西戎同。中國夷蠻戎狄皆有安居者言中國與四夷雖異各有所安之居。和味宜服利用備器者言中國與四夷皆有所和之味所宜之服所利之用所備之器其事雖異各自充足。五方之民言語不通嗜欲不同者以水土各異故言語不通好惡殊別故嗜欲不同。達其志通其欲者謂帝王立此傳語之人曉達五方之志通傳五方之欲使相領解其通傳東方之語官謂之曰寄言傳寄外內言語通傳南方語官謂之曰象者言放象外內之言其通傳西方語官謂之狄鞮者鞮知也謂通傳夷狄之語與中國相知其通傳北方語官謂之曰譯者譯陳也謂陳說外內之言東方謂之夷者風俗通云東方人好生萬物觝觸地而出夷者觝也其類有九依東夷傳九種一曰玄菟二曰樂浪三曰高驪四曰滿飾五曰鳧臾六曰索家七曰東屠八曰倭人九曰天鄙南方曰蠻者風俗通云君臣同川而浴極爲簡慢蠻者慢也其類有八李巡注爾雅云一曰天竺二曰咳首三曰僬僥四曰跛踵五曰穿胸六曰儋耳七曰狗軹八曰旁春西方曰戎者風俗通云斬伐殺生不得其中戎者兇也其類有六李巡注爾雅云一曰僥夷二曰戎央三曰老白四曰耆羌五曰鼻息六曰天剛北方曰狄者風俗通云父子嫂叔同穴無別狄者辟也其行邪辟其類有五李巡注爾雅云一曰月支二曰穢貊三曰匈奴四曰單于五曰白屋。注彫文至爲病。正義曰按漢書地理志文越俗斷髮文身以辟蛟龍之害故刻其肌以丹青涅之以東方南方皆近於海故俱文身云浴則同川臥則僢者言首在外而足相鄉內故典瑞注云僢而同邸正本直云臥則僢。無同字俗本有同字誤也。注皆俗至鞮者。正義曰言寄象狄鞮譯皆是四夷與中國皆俗間之名也云依其事類耳者。中國通傳之人各依其當方事之比類而言說之即寄者寄付東方之言象者象似南方之言是依其事類者也云今冀部有言狄鞮者。今日之言必有從於古欲證古有狄鞮之言鞮與知聲相近故鞮爲知也

遼東郡秦置屬幽州 戶五萬五千九百七十二口二十七萬二千五百三十九○縣十八 襄平有牧師官莽曰昌平 新昌 無慮西部都尉治應劭曰慮音閭
師古曰即所謂醫巫閭 望平大遼水出塞外南至安市入海行千二百五十里莽曰長說師古曰說讀曰悅 房 候城中部都尉治 遼隊莽曰順睦師古曰隊音遂 遼陽大梁水西南至遼陽入遼莽曰遼陰 險瀆應劭曰朝
鮮王滿都也依水險故曰險瀆臣瓚曰王險城在樂浪郡浿水之東此自是險瀆也師古曰瓚說是也浿音普大反 居就室偽山室偽水所出北至襄平入梁也 高顯 安市 武次東部都尉治莽曰桓次 平郭有鐵官鹽官
西安平莽曰北安平 文莽曰文亭 番汗沛水出塞外西南入海應劭曰汗水出塞外西南入海番音盤師古曰沛音普蓋反汗音寒 沓氏應劭曰沓水也音長答反師古曰凡言氏者皆謂因之而立名
元菟郡武帝元封四年開高句驪莽曰下句驪屬幽州應劭曰故真番朝鮮胡國 戶四萬五千六口二十二萬一千八百四十五○縣三 高句驪遼山遼水所出西南至遼隊入
大遼水又有南蘇水西北經塞外應劭曰故句驪胡 上殷台莽曰下殷如淳曰台音鮐師古曰音胎 西蓋馬馬訾水西北入鹽難水西南至西安平入海過郡二行二千一百里莽曰元菟亭
樂浪郡武帝元封三年開莽曰樂鮮屬幽州應劭曰故朝鮮國也師古曰樂音洛浪音狼 戶六萬二千八百一十二口四十萬六千七百四十八有雲鄣○縣二十五
朝鮮應劭曰武王封箕子於朝鮮 䛁邯孟康曰䛁音男師古曰䛁音乃甘反邯音酣 浿水水西至增地入海莽曰樂鮮亭師古曰浿音普大反 含資帶水西至帶方入海 黏蟬服虔曰蟬音提 遂成 增地莽曰
增土 帶方 駟望 海冥莽曰海桓 列口 長岑 屯有 昭明南部都尉治 鏤方 提奚 渾彌師古曰渾音下昆反 吞列分黎山列水所出西至黏蟬入海行八百二十
里 東暆應劭曰暆音移 不而東部都尉治 蠶台師古曰台音胎 華麗 邪頭昧孟康曰昧音妹 前莫 夫租

東口

秦室

勉案：高誘[illegible]明祀先神社稷，秦之[illegible]

[illegible]於[illegible]上帝，別設[illegible]天下之

雲[illegible]祠下[illegible]

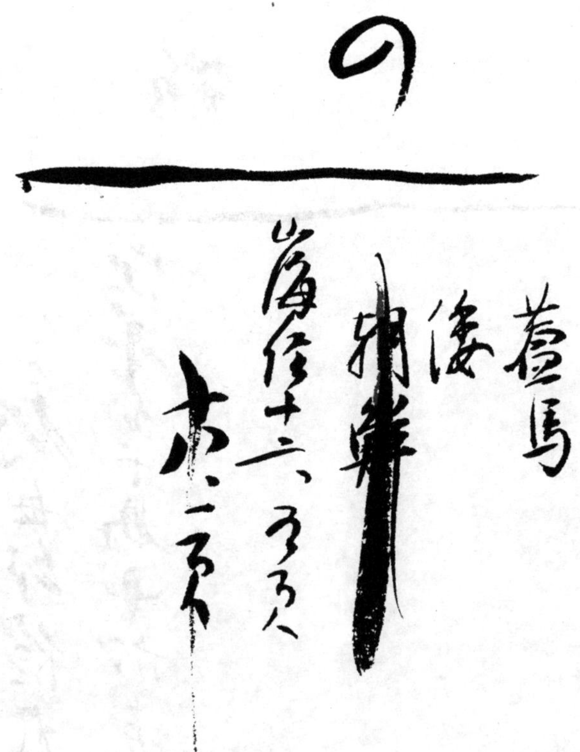

影

魏毌邱儉丸都紀功石刻

[illegible]十六[illegible]跋

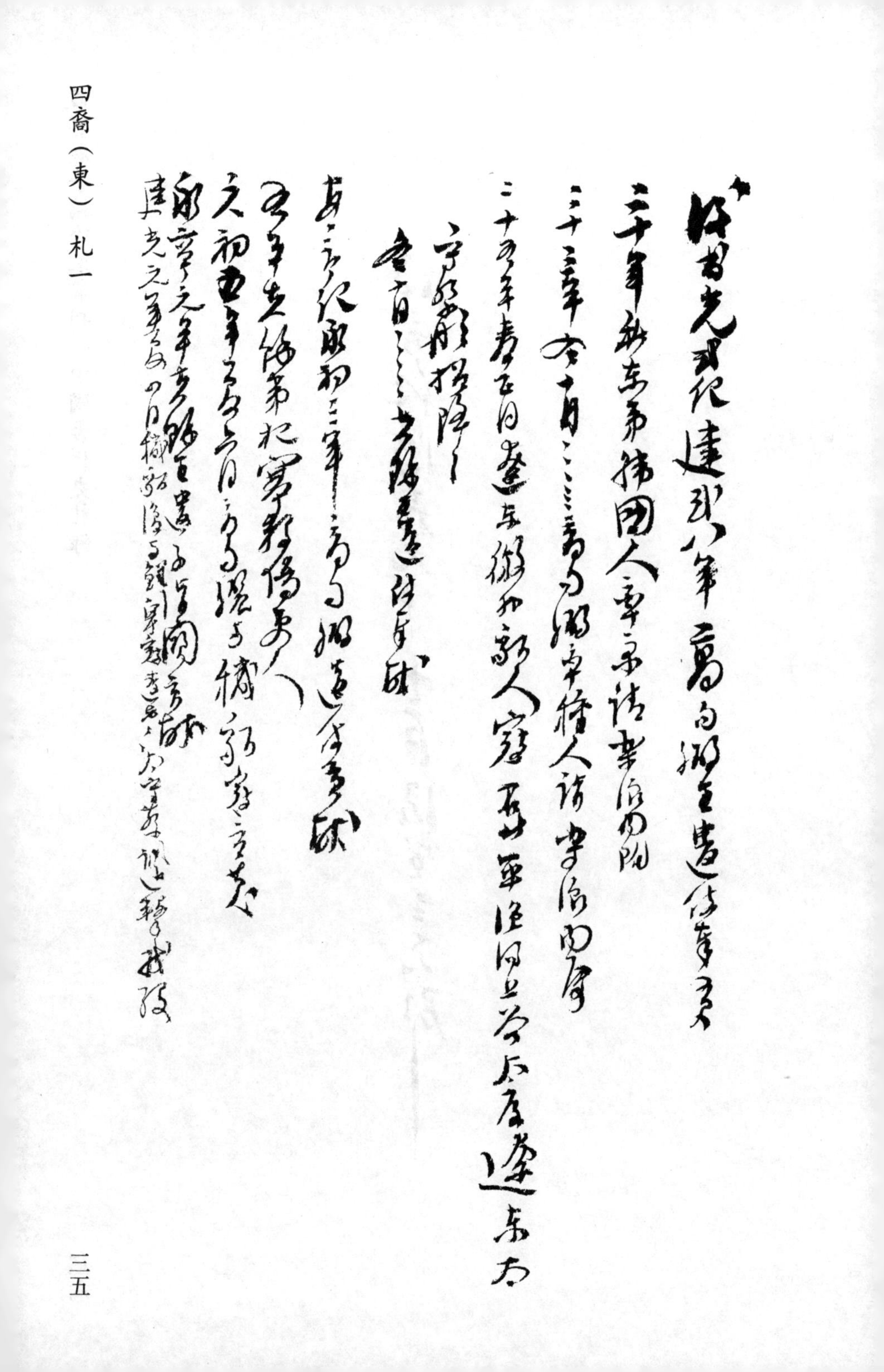

順帝紀陽嘉元年十二月復置玄菟郡

高句驪

見帶方八一模主傳

三國時之象郡　句町王宮

三國吳志呂岱傳　吳分接權時嘉禾◯二年　以接國將圖吳使

以秦皇時置立象郡一立象郡在遠去此相去二百

里太守王贇領户二百萬可三四萬人是時冀

郡勢若獨遠焚燒城郭殺其長吏……然後……

收來附之吏　何為七百里又斷句通句町王宮……傳達

通以權時林宮内年共……平口（呂）

拜[illegible]　高句驪[illegible]遼東

三國魏志（三）7下

毌丘儉討高句驪

又（同）2下　（廿八）3上

高麗人仕中國

周書高琳字季珉其先高句麗人也六世祖欽為質於慕容廆遂仕於燕五世祖宗率衆歸魏拜第一領民酋長賜姓羽真氏

魏書外戚傳高肇……自云本渤海蓨人五世祖顧
晉永嘉中避亂入高麗父颺……高祖初與弟乘
信及其鄉人韓內冀富等入國
肇出自夷土時望輕之
周書王盟……其先樂浪人六世祖波前燕太宰祖
珍魏黃門侍郎……父羆……以良家子鎮武川
周書高
又高琳 其先高句麗人也六世祖欽為質於慕容廆遂仕於燕
五世祖宗率衆歸魏拜第一領民酋長賜姓羽真氏

宋代高句驪

高句驪 高璉［illegible］進號 武帝紀 初元（三上下）

高句驪貢獻方物 少帝景平元（四下）二（五上）文帝元嘉十三、十五、十六、十八、廿、廿八（五下六上下七上下8上下）孝武帝［illegible］元、嘉卅（六下）孝建二、大明二、三、五（六下七上7下8上）七 進號（六上）明帝泰始三、六（八下九下）後廢帝泰豫元、元徽三［illegible］九（十下）順帝昇明二（十上）

百濟 文帝元嘉六、十七、廿、廿七 孝武帝大明元 餘慶

為鎮東大將軍 明帝泰始三、七

蘭文威　孝武太史

百濟封寄

函二　又九·十二

句麗

(璉)齊高帝建元元年進號(紀)(二·三上)

(梁書)(雲)天監元進號 天監七、又十七 普通元、七 大通元之

中大通四 大同元、七皆使,獻方物 (高延)太清元年卒

(陳書)世祖天嘉二 廢帝即位皆 宣帝太建二、六 後主至德三獻

天嘉三 王名高湯見紀

一高句麗 見紀

（魏書）太延元 二 是年始見于紀 始遣使通不絕 乃 又

和平三 六 天安元 皇興元 又 二 三 の

是年八月百濟國遣使奉表請師伐高句麗

延興二 又 三 又 の 又 乃 又 承明元 又 又

太和元 又 以下未録 太和十六 至雲 神龜二 雲

死以其子安 （卅二）八下

（六〇）九上（八三下）二上 孝（九七）六上（一〇八之三）六下

北齊書内[illegible]頁

天保元 二六 河清三 天統元 武平四

天保元以咸之 乾明元以濁之

周書又

建德六 宣政元 宣帝紀

壯游以為萬古佳話獻

天使三　郎平の

郎平之大鵬圖……

魏書江悦之傳子文遠肅宗時為安州刺史「時杜洛周、葛榮等相繼叛逆自幽燕以南悉皆淪陷惟文遠介在危地孤城獨守……」建義元年七月……卒……長史許思祖等以文遠當官愛民請推其子果以州事……既而饑饉荐臻外援不接……乃携諸弟率城民東奔高陽太平中詣高陽將送果等之家中人口歸還鄉」

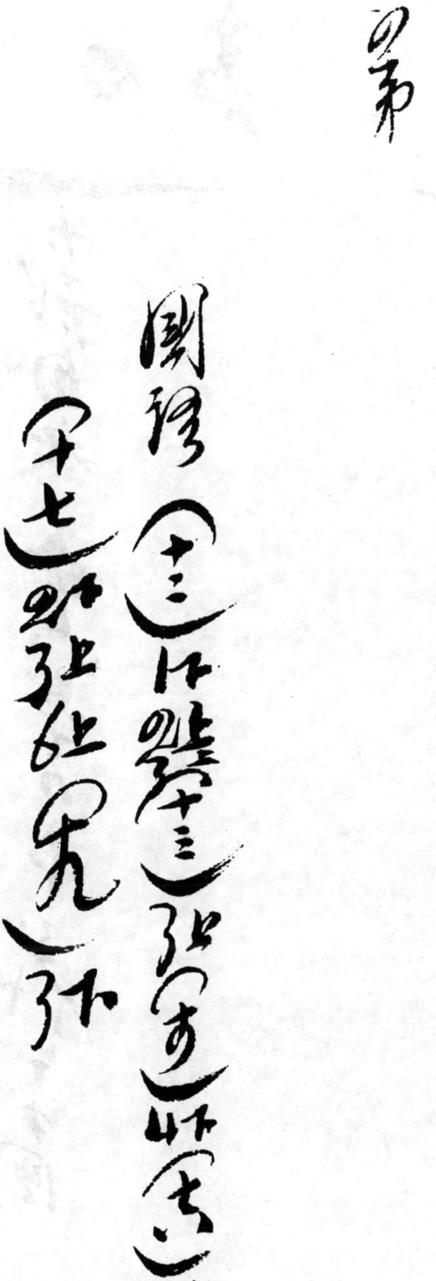

第四

以蒙力而載國無大常而義于中國

蓼蕭澤及四海也九夷八狄七戎六蠻謂之四海國在九州之外雖有大者爵不過子虞書曰州十有二師外薄四
海咸建五長。蓼音六薄音博諸本作外敷注音芳夫反四海海者晦也地險言其去中國險遠
稟政教昏昧疏蓼蕭四章章六句至四海。正義曰作蓼蕭詩者謂時王者恩澤被及四海之國也使四海無侵伐之
也長張丈反憂得風雨之節書傳稱越常氏之譯曰吾受命吾國黃老曰久矣天之無烈風淫雨意中國有聖人遠
往朝之是澤及四海之事經四章皆上二句是澤及四海由其澤及故其君來朝王燕樂之亦是澤及之事故序揔其目
焉經所陳是四海君蒙其澤而序漫言四海者作者以四海諸侯朝王而得燕慶故本其在國蒙澤說其朝見光寵序以
王者恩及其君不可遺其臣見其通及上下故直言四海以廣之。箋九夷至五長。正義曰九夷八狄七戎六蠻謂之
四海釋地文李巡曰九夷在東方八狄在北方七戎在西方六蠻在南方孫炎曰海之言晦晦闇於禮儀也雖師謀我應
注皆與此同職方氏及布憲注亦引爾雅云九夷八蠻六戎五狄謂之四海數既不同而俱云爾雅則依爾雅本有兩文今
李巡所注謂之四海之下更三句云八蠻在南方六戎在西方五狄在北方此三句唯李巡有之孫炎郭璞諸本皆無也
李巡與鄭同時鄭讀爾雅蓋與巡同故或取上文或取下文也爾雅本有二文者由王所服國數不同故異文耳亦不知
九夷八狄七戎六蠻正據何時也此及中候直言四海不列其數故引上文解之職方列其國數唯五戎六狄與爾雅六
戎五狄上下不同餘則相似故據下文也布憲則秋官承夏官之下故同於職方爲周禮注據爾雅下文八蠻六戎五狄
當四海者以明堂位陳周公朝於明堂之時其數與之等是周時之驗故據之爲明堂位與職方不同者鄭志荅趙商云
戎狄之數或五或六兩文異耳爾雅雖有與周皆兩數耳無別國之名不甚明故不定之也是鄭疑兩文必有一誤但無
國數可明故不敢定之耳四海之於王者世一見耳此經說四海來朝應是攝政六年時事當與明堂位同直以漫言四
海故取爾雅上句謂之四海之文充之其實此當八蠻六戎五狄也國在九州之外者明四海不屬九州其州長所不領
故周禮曰九州之外謂之蕃國世一見是也若然下文蠻荆謂荆州之蠻堯典曰流共工于幽州注云幽州北裔則四海
亦有在九州之內者矣言外者以大凡化內非州牧所領則謂之四海之國其境所居不妨在九州之內禹貢萬里大界
盡以九州目之故得有荆州之蠻及幽州爲北裔也曲禮曰其在東夷北狄西戎南蠻雖大曰子是雖有大者爵不過子
也大者曰子小者曰男而已左傳曰驪戎男是也若殷爵三等無子男則四夷之君爵伯也而書序曰武王勝殷巢伯
來朝注云巢伯南方諸侯世一見者以武王卽位來朝是九州外爲伯又虞書曰州有十二師外薄四海咸建五長明四
海是九州之外也何者既言州十有二師是九州之內立師也又曰外薄四海咸建五長是四海在九州之外矣所引者
皐陶謨文也檢鄭所注尚書經作外薄今定本作外敷恐非也彼注云九州州立十二人爲諸侯之師以佐其牧外則五
國立長使各守其職此建五長卽下曲禮所謂子故彼注云子謂九州之外長也天子亦選其諸侯之賢者以爲之子子
猶牧是也案彼上云弼成五服至于五千鄭以爲禹治水輔成五服土方萬里以七千里內爲九州七七四十九千里者
之方四十九以其一爲畿內餘四十八八州分之各得方千里者六計一州方百里之國二百七十里之國四百五十里
之國八百計一州有一千四百國以二百國爲名山大川不封之地餘有一千二百國以百國立一師故州有十二師鄭
又云八州九千六百國又四百國在畿內以子男備其
數是鄭計充禹會諸侯于塗山執玉帛者萬國之文

四夷

惟克商遂通道于九夷八蠻四夷慕化貢其方賄九八言非一皆通道路無遠不服○賄呼罪反西旅厎貢厥獒西旅之長致貢其獒犬高四尺曰獒以大爲異○厎之履反長丁丈反太保乃作旅獒用訓于王陳貢獒之義以訓諫王疏惟克至于王○正義曰惟武王旣克商華夏旣定遂開通道路於九夷八蠻於是有西戎旅國致貢其大犬名獒太保召公乃作此篇陳貢獒之義用訓諫於王○傳四夷至不服○正義曰曲禮云其在東夷西戎南蠻北狄經舉夷蠻則戎狄可知四夷慕化貢其方賄言所貢非獨旅也四夷各自爲國無大小統領九八言非一也釋地云九夷八狄七戎六蠻謂之四海又云八蠻在南方六戎在西方五狄在北方上下二文三方數目不同明堂位稱九夷八蠻六戎五狄與爾雅上文不同周禮職方氏掌四夷八蠻七閩九貉五戎六狄之人鄭玄云四八七九五六周之所服國數也偏檢經傳四夷之數參差不同先儒舊解此爾雅殷制明堂位及職方幷爾雅下文云八蠻在南六戎在西五狄在北皆爲周制義或當然明堂位言六戎五狄職方言五戎六狄趙商以此問鄭鄭荅云戎狄但有其國數其名難得而知是鄭亦不能定解

四弟

日本八年七月九歲至戊六秋

乙巳古橋有氏

明治任九月八年歲至秋

時年蔵蘭 住九月八秋七歲至六年

不知足

色目之名唐已有

唐宋元時代中西通商史 75 76 281 葉

見舊唐書李渤傳 171/2

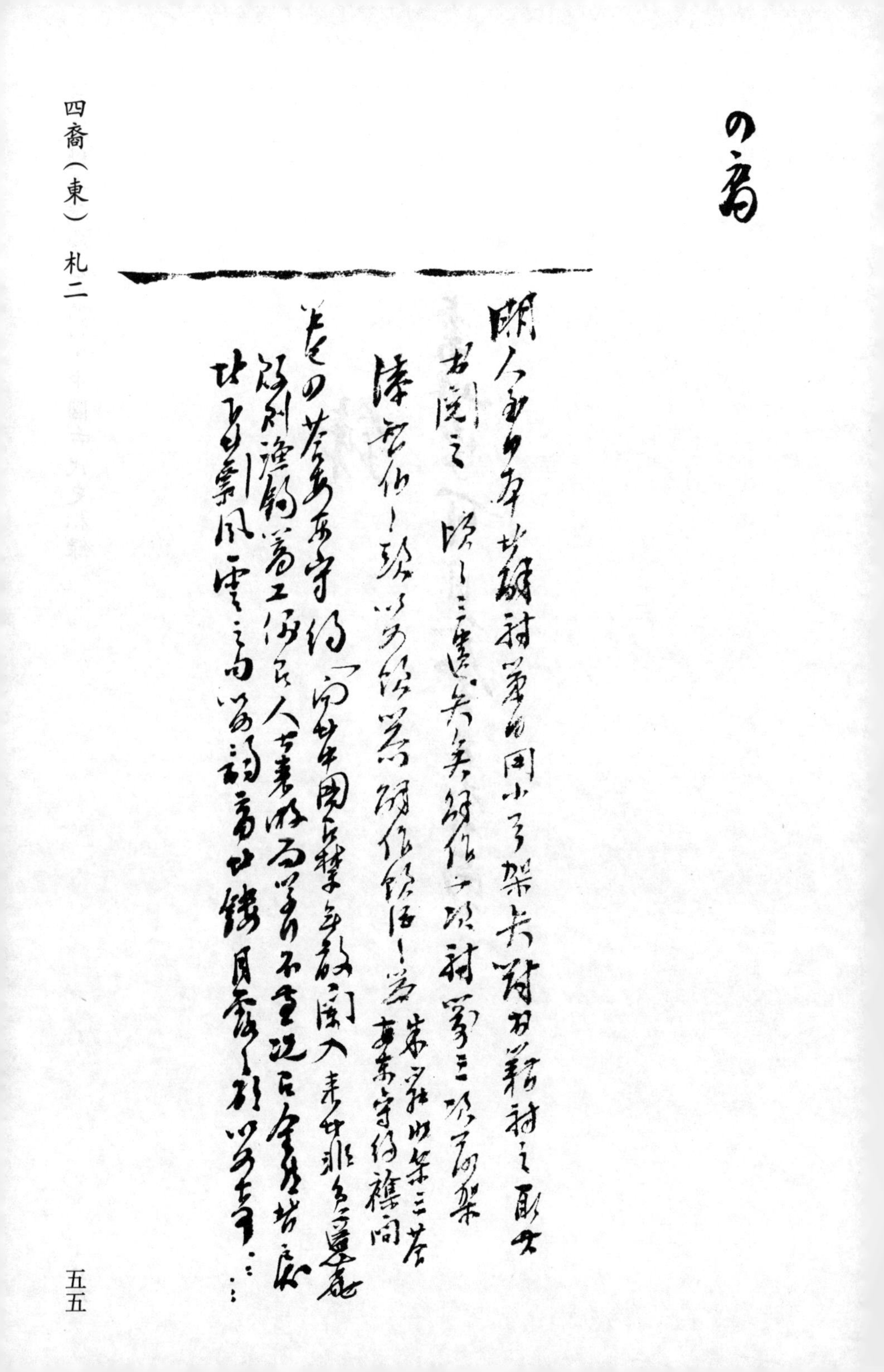

四裔

鑄

秦此字可見金出東南

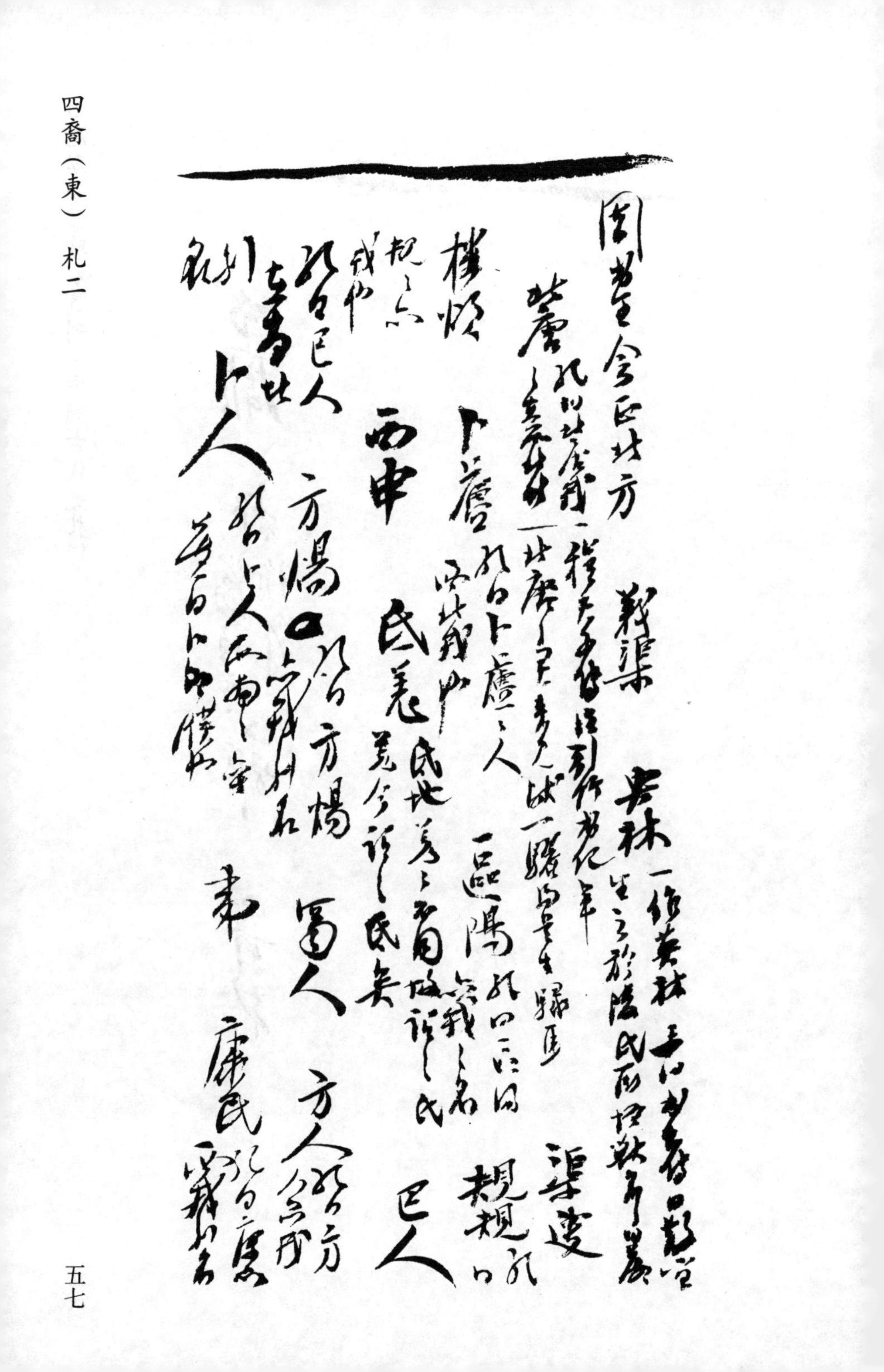

第廡

都 營偽陪都 陪都

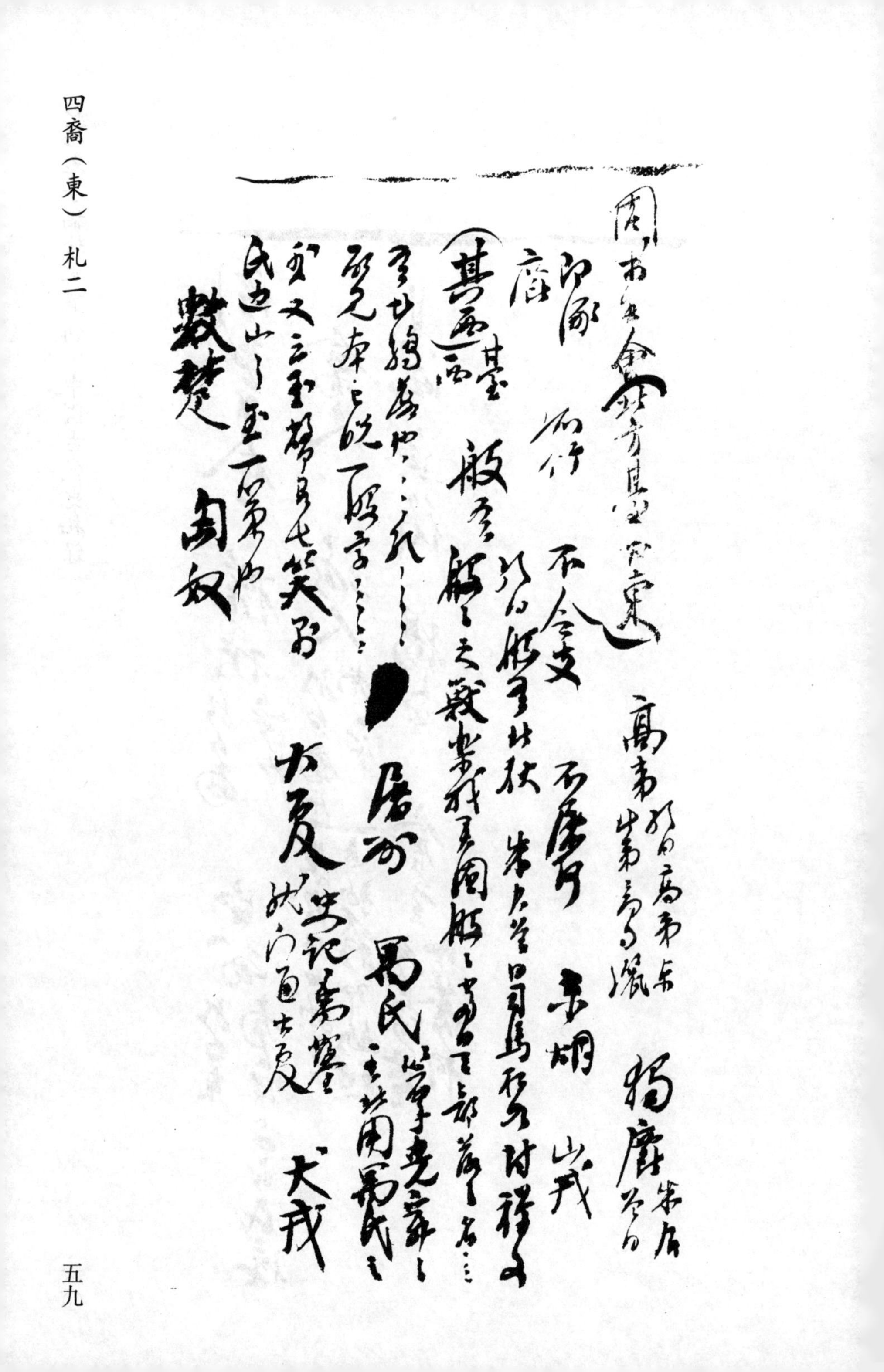

周書王會解 [illegible]

高車 [illegible] 獨鹿 [illegible]

不令支 不屠何 [illegible] 東胡 [illegible] 山戎

般吾 [illegible]

其西 [illegible] 居 [illegible] 禺氏 [illegible]

[illegible] 大夏 [illegible] 犬戎

數楚 匈奴

周書王會 權扶孔曰南蠻 白州孔曰東南蠻與白民接

禽人 路人孔曰南東南蠻 [illegible]東北[illegible] 方道[illegible]卬越

其西魚復 揚蠻 倉吾 翡翠 即蒼梧

闒音[illegible]
讀如[illegible]

周書伊尹朝獻
（正東）符婁（夫餘）（挹婁）仇州 伊慮（[illegible]）漚深 九夷 十
蠻 越漚 剪髮文身
（南）甌鄧 桂國 損子 朱[illegible]即[illegible]鄧[illegible] [illegible]郡治此
產里 朱曰即[illegible]里 百濮 九菌 朱云菌即九真
（正西）昆侖 狗國 鬼親 枳己 闒耳 貫 呂覽[illegible]闒耳也
胸 雕題 離身 漆齒

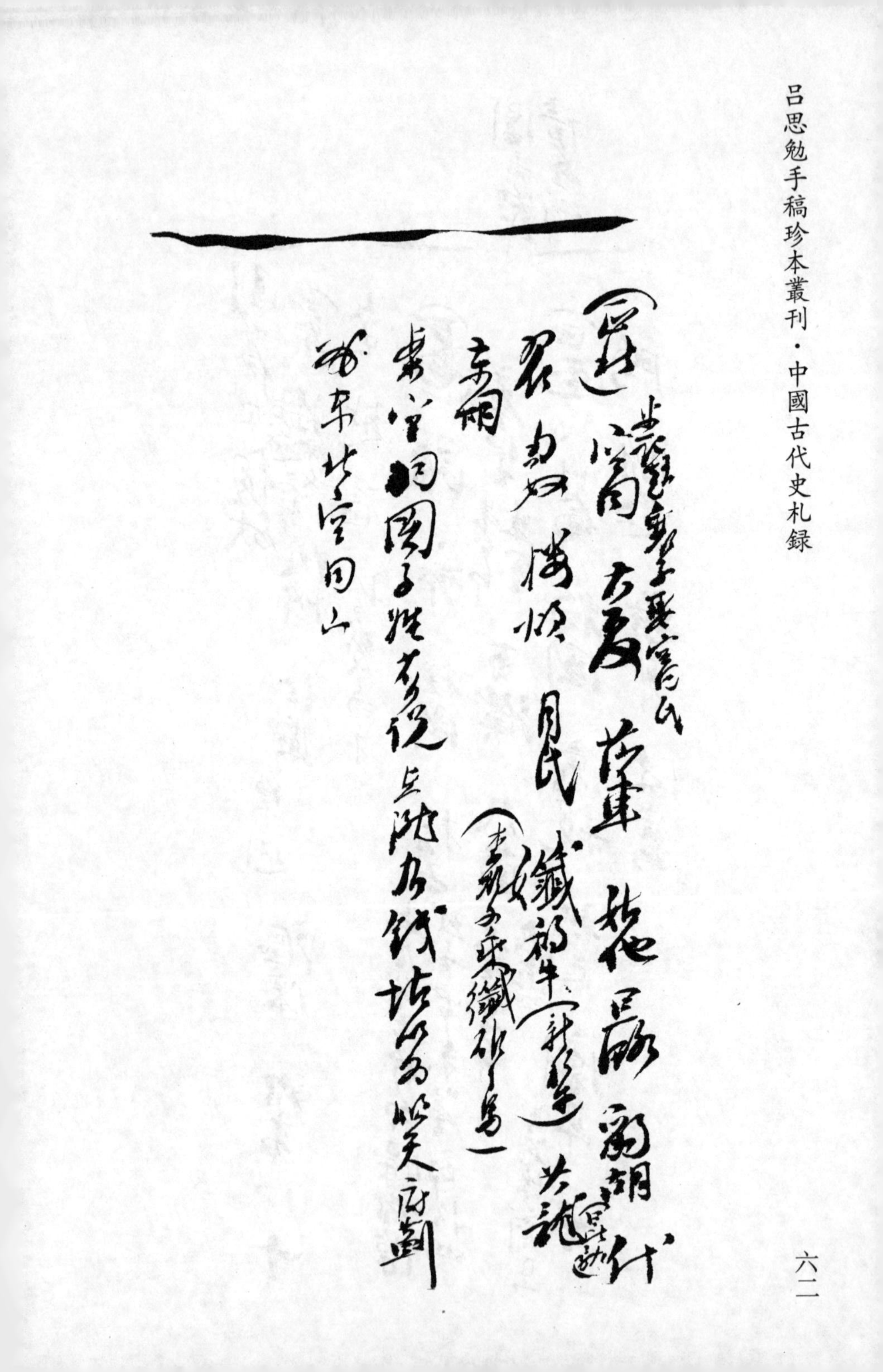

（遼）[illegible]

[illegible]

[illegible]

[illegible]

[illegible]

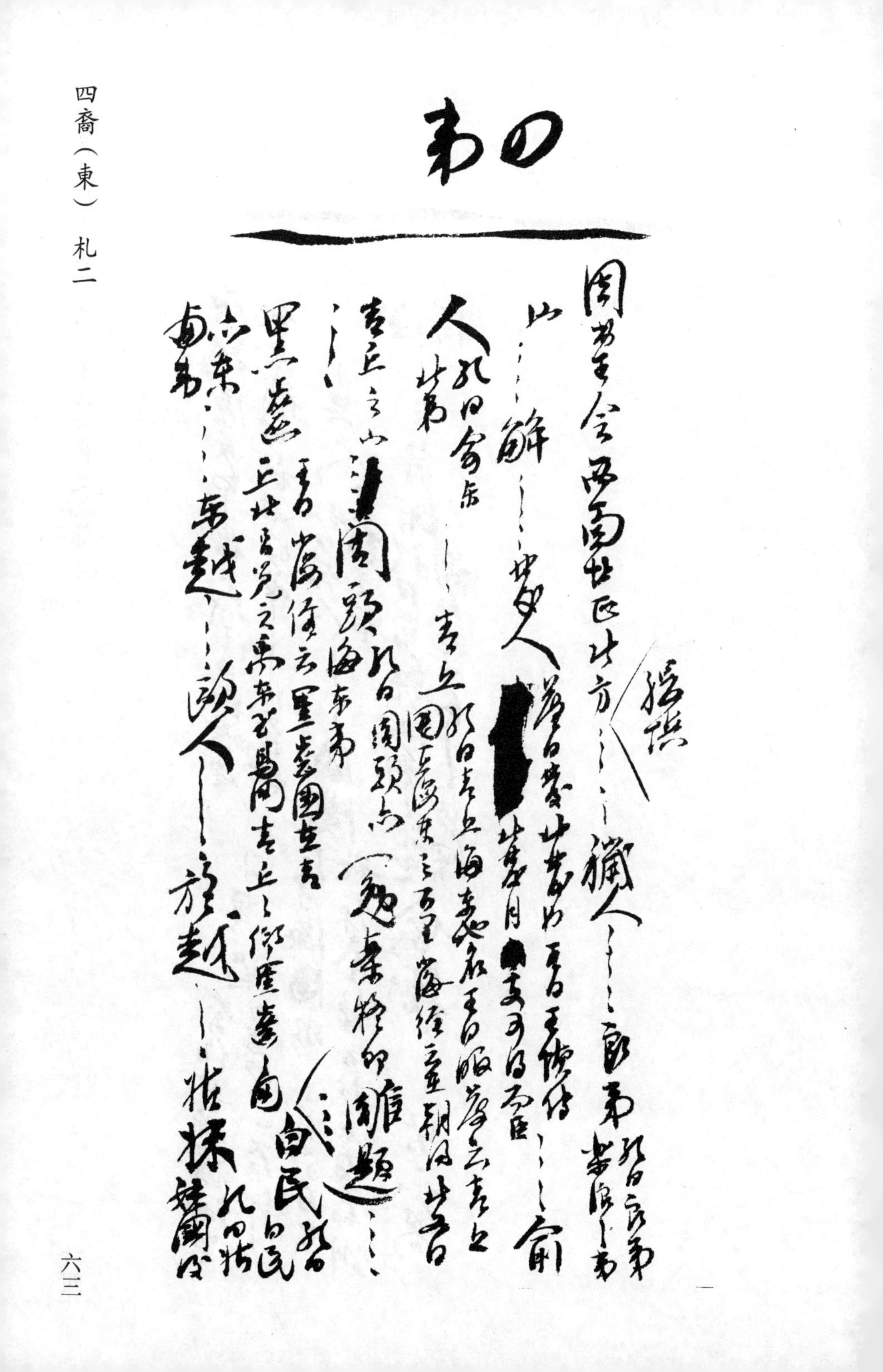

東四

甌越 廣ㄅ印收藏五百豊地良——具區 亦作且甌 樓 御覽

記云衡为說菰好產——故大澤也 發芳一卷許

——共人 於百共人——海陽 行百海陽水——同五百史

吳越之篋 記蘇秦傳云楚東有夏州

海——自深私自保 寧南安也 會稽——皆一偏

閩 謂ㄅ即——具深

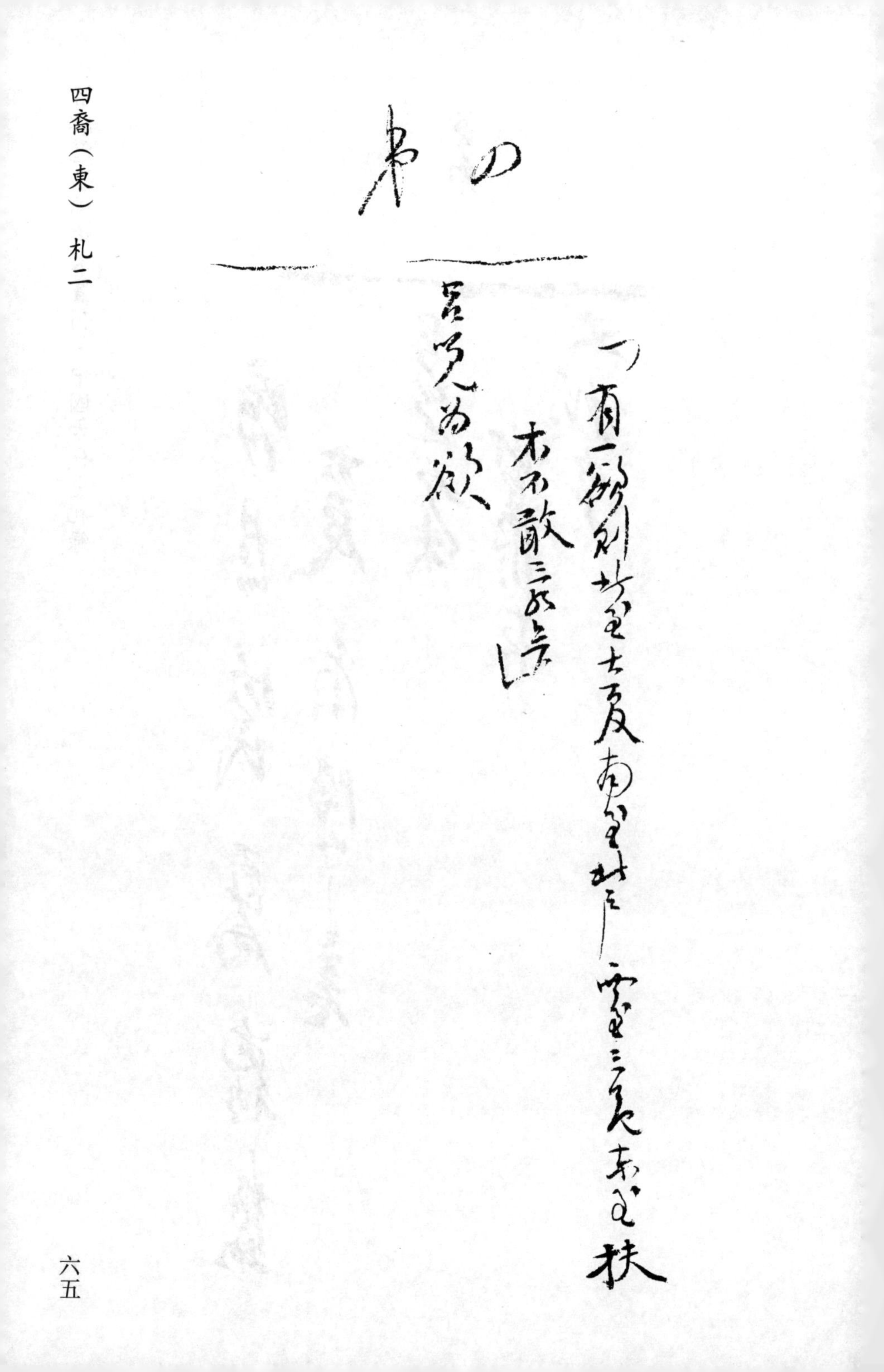

の

事

廣州月山陳氏崑崙南極[illegible]

大夏南陽山之老

足以安朱

以蔑以有

大戮宵人

入東八狄六戎五蠻之名義

詳節[illegible]即詳[illegible]

東方曰夷被髮文身有不火食者矣南方曰蠻雕題交趾有不火食者矣雕文謂刻其肌以丹青涅之交趾足相鄉然浴則同川臥則僢不火食地氣煖不爲病○被皮義反下同雕本又作彫同彫刻鏤也題大兮反趾音止刻音克肌音飢涅乃結反相鄉許亮反僢昌戀反西方曰戎被髮衣皮有不粒食者矣北方曰狄衣羽毛穴居有不粒食者矣不粒食地氣寒少五穀○衣於既反下同粒音立中國夷蠻戎狄皆有安居和味宜服利用備器其事雖異各自足五方之民言語不通嗜欲不同達其志通其欲東方曰寄南方曰象西方曰狄鞮北方曰譯皆俗間之名依其事類耳鞮之言知也今冀部有言狄鞮者○嗜欲市志反寄京義反鞮丁兮反譯音亦間如字又間廁之間

疏 凡居至曰譯○正義曰此一節論中國及四夷居處言語衣服飲食不同之事各隨文解之○凡居民材必因天地寒煖燥濕者材謂氣性材藝言五方之人其能各殊五者居處各須順其性氣材藝使堪其地氣故盧植云能寒者使居寒能暑者使居暑即其義也○注情性緩急○正義曰性謂稟性自然故孝經說云性者生之質若木性則仁金性則義火性則禮水性則信土性則知中庸云天命之謂性是賦命自然情者既有識知心有好惡當逐物而遷故有喜怒哀樂好惡此經云剛柔輕重遲速天生自然是性也而連言情者情是性之小別因性連言情者耳若指而言之則上文異俗是情也故注云謂其所好惡今經有剛柔輕重遲速六事而注惟云緩急者細別則有六大揔惟二剛輕速揔是急也柔重遲揔是緩也此大略而言人性不同亦有柔而躁者剛而遲者故尚書云皐陶行有九德是也○注謂作務之用○正義曰作務之用者謂民之作務所用五方不同故考工記若粵之用鎛胡之用弓車故云器械異制器謂揔用之器械謂兵器故公羊傳何休云攻守之器曰械○脩其至其宜○俗謂民之風俗宜謂土地器物所宜教謂禮義教化政謂政令施爲言脩此教化之時當隨其風俗故云不易其俗○齊其政者謂齊其政令之事當逐物之所宜故云不易其宜教主教化故注云教謂禮義政主政令故注云政謂刑禁也○中國至曰譯○正義曰從此以下至北方曰譯揔論四夷中國之異○中國戎夷五方之民者舉戎夷則蠻狄可知五方之民者謂中國與四夷也○文身者謂以丹青文飾其身○有不火食者以其地氣多煖雖不火食不爲害也言有不火食者亦有火食者○彫題交趾者彫謂刻也題謂額也謂以丹青彫刻其額非惟彫額亦文身也故仲雍居吳越左傳云斷髮文身趾足也言

の

周饒—僬僥—朱儒國

山海經六、五下、[illegible]國　上三下（十五、六下）

魏志東夷傳及長明閣[illegible]以[illegible]　本書　卷七、三下、如[illegible]國　五十六　四下

述也—硯部—跳下見

又九一一下　侏人國—魏志東夷傳（似見）三十

又三下　侏儒國　の[illegible]

有り存—

又十六、九下　三面之人（五十八八下）[illegible]

[illegible]所錄氏

序文

尚史[illegible]中[illegible][illegible][illegible][illegible]考訂[illegible][illegible]

談余稿本已多處修送了誤

此間史事中，與詳細圖表俟之可

莒春秋の·中國の

の 莒

○楚公子嬰齊帥師伐莒庚申莒潰共日莒雖夷狄猶中國也莒雖有夷狄之行猶是中國○潰戶內反行下孟反大夫潰莒而之楚是以知其上爲事也臣以叛君爲事明君臣無道疏大夫至事也○釋曰范別例云凡潰者有四發傳有三僖四年蔡潰傳曰潰之爲言上下不相得也此莒潰傳曰大夫潰莒而之楚二者雖同是不相得與君臣不和自潰散少異故亦發傳昭二十九年鄆潰彼鄆是邑與國殊故重發傳一解鄆不伐而自潰與常例異故重發之文三年沈潰不發者從例可知也惡之故謹而日之也潰例月甚之故日○惡烏路反疏注潰例至故日○釋曰傳上云猶中國也故日下文言惡之故謹而日之也若使莒非中國雖惡不得日也以潰例月爲惡故日是以云謹而日之范知例月者僖四年春王正月公會齊侯云云侵蔡蔡潰文三年春王正月叔孫得臣會晉人云云伐沈沈潰是例月今此莒帥衆民叛君從楚故變文書日以見惡○

楚人入鄆疏楚人入鄆○釋曰魯雖有鄆此鄆非魯也蓋從左氏爲莒邑大都以名通故不繫莒或以爲昭元年取鄆范云魯邑此不繫莒則魯邑可知理亦通也○秦人白狄伐晉

九 穀成

○十 僖廿三

一月杞成公卒書曰子杞夷也成公始行夷禮以終其身故於卒貶之杞實稱伯仲尼以文貶稱子故傳言書曰子以明之○疏注成公至明之○正義曰何休膏肓難左氏云杞子卒豈當用夷禮死乎故解之此杞成公始行夷禮以終其身故於卒貶之卒者人之終於終貶之見其終身行夷禮也於時杞實稱伯唯此獨稱子是仲尼以文貶之稱子貶之而曰子者曲禮曰其在東夷北狄西戎南蠻雖大曰子四夷之君爵不過子故貶之爲子言如夷狄之大國耳不書名未同盟也凡諸侯同盟死則赴以名禮也隱七年已見今重發不書名者疑降爵故也此凡又爲國史承告而書例○見賢遍反重而用反下重詳同又爲于僞反又如字赴以名則亦書之謂未同盟不然則否謂同盟而不以名告辟不敏也敏猶審也同盟然後告名赴者之禮也承赴然後書策史官之制也內外之宜不同故傳重詳其義疏不書至敏也○正義曰隱七年已有例矣今重發者釋例曰杞侯降爵嫌有異同盟傳重發不書之例又更發凡者以明雖薨赴有法若或違之國史亦承告而書不必改正也赴以名則亦書之者謂諸侯雖不同盟或以名赴也不然則否辟不敏者謂雖同盟而赴不以名則亦不書名以審違謬也

244

杞用夷礼

傳二十七年春杞桓公來朝用夷禮故曰子杞先代之後而迫於東夷風俗雜壞言語衣服有時而夷故杞子卒傳言其夷也今稱朝者始於朝禮終而不全異於介葛盧故唯貶其爵。公卑杞杞不共也杞用夷禮故賤之。共音恭本亦作恭下注同

〇杞子來盟 杞復稱子用夷禮也〇復扶又反 疏 注杞復至禮也〇正義曰杞入春秋書爵稱侯又稱伯僖二十三年二十七年稱子傳曰用夷禮故曰子自爾以來常稱爲伯今復稱子傳云書曰子賤之也明爲用夷禮故賤之知杞復稱子用夷禮也〇吳子使札來聘 吳子餘祭既遣札聘上國而後死札以六月到魯未聞喪也不稱公子其禮未同於上國〇札側八反 疏 注吳子至上國〇正義曰上云閽弒吳子此言吳子使聘傳曰其出聘也通嗣君也不知通嗣君通誰嗣也賈逵服虔皆以爲夷末新即位使來通聘案隱三年武氏子來求賻文九年毛伯來求金並不言王使傳皆云王未葬也是知先君未葬嗣君不得命臣此與閽弒吳子文不隔月吳魯相去經塗至遠豈以君死之月即命臣乎而得書吳子使也且傳稱季札至魯徧觀周樂至戚聞鍾聲譏孫文子云君又在殯而可以樂乎自請觀樂譏人聽樂曠世大賢豈當若是故杜以爲通嗣君通餘祭嗣也二十五年遏爲巢牛臣所殺餘祭嗣立至此始使札通上國吳子未死之前命札出使既遣札聘而後身死札以六月到魯未及聞喪故每事皆行吉禮也經傳皆無札至之月知以六月到者以城杞在五月之下城杞既訖乃有士鞅來聘杞子來盟若共在月中則不容此事下文有秋知札以六月至也札去之後吳始告喪告以五月被弒故追書在聘上耳札實公子不書公子者吳是東夷其禮未同於上國故使不書氏以札是卿故書其名耳釋例曰吳晚通上國故其君臣朝會不同於例亦猶楚之初始也昭二十七年傳稱延州來季子聘于上國是吳謂諸夏爲上國也〇秋九月葬衛獻公 無傳〇齊高止出奔北燕 止高厚之子 燕音烟〇冬仲孫羯如晉

商の

「祀及終始而帝弟

左之彭先諸帝禮又是年祀來朝者

附帝禮殘之

二十有九年春介葛盧來介葛盧者何夷狄之君也何以不言朝据諸侯來曰朝○介葛音介國名疏介葛盧者何○解云欲言諸侯文不言朝欲言大夫文不書聘故執不知問不能乎朝也不能升降揖讓也介者國也葛盧者名也進稱名者能慕中國朝賢君明當扶勉以禮義疏注進稱名者○解云正以下三十年秋介人侵蕭不名故知此稱名是其進○公至自圍許○夏六月公會王人晉人宋人齊人陳人蔡人秦人盟于狄泉文公圍許不能服自知威信不行故復上假王人以會諸侯年老志衰不能自致故諸侯亦使微者會之月者惡霸功之廢於是○故復扶又反年未同惡烏路反疏注月者至廢於是○解云正以月非大信之辭也

○秋大雨雹夫人專愛之所生○雨于付反雹步角反○冬介葛盧來前公圍許不在故更來朝不稱字者一年再朝不中禮故不復進也○中丁仲反

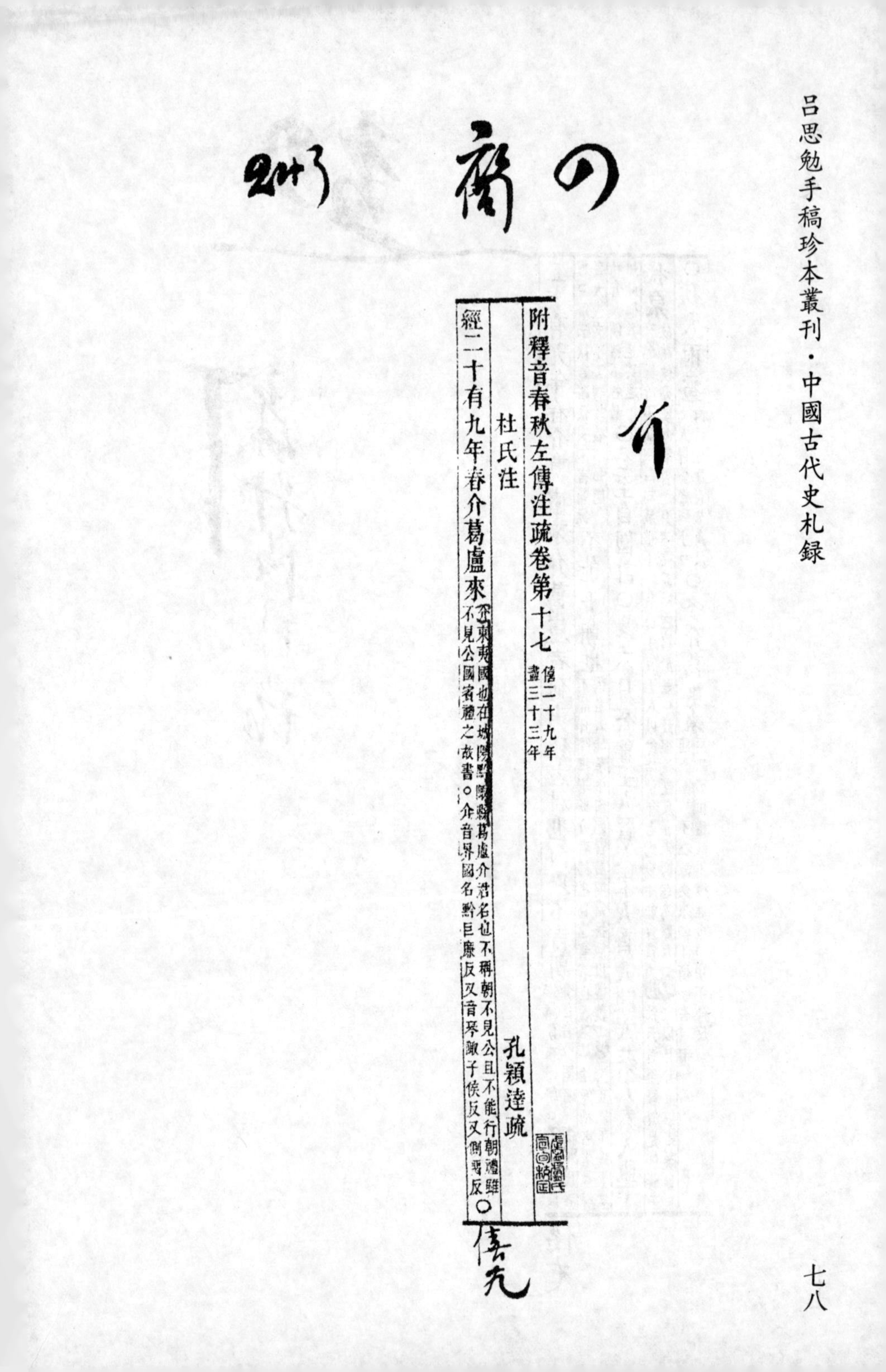

附釋音春秋左傳注疏卷第十七 僖二十九年盡三十三年

杜氏注 孔穎達疏

經二十有九年春介葛盧來 介東夷國也在城陽黔陬縣葛盧介君名也不稱朝不見公且不能行朝禮雖不見公國賓禮之故書○介音界國名黔巨廉反又音琴陬子侯反又側留反○

（郯子）裔の

仲尼聞之

見於郯子而學之於是仲尼年二十八疏注年二十八○正義曰沈文何云襄二十一年注云仲尼年十歲計至此年二十七今云二十八誤既而告人曰吾聞之天子失官學在四夷猶信失官官不脩其職也傳言聖人無常師疏失官學在四夷○正義曰王肅云郯中國也故吳伐郯季文子歎曰中國不振旅蠻夷入伐吾亡無日矣孔子稱學在四夷疾時學廢也郯少皞之後以其後則遠以其國則小矣魯周公之後以其世則近以其國則大矣然其禮不如郯故孔子發此言也失官爲所居之官不脩其職也仲尼學樂於萇弘問官於郯子是聖人無常師

昭十七

入部

暘谷

説文日部暘日出也从日昜聲虞書

暘谷 句讀 據此則知所引書從歆之證

微日暘之文從人所妄要加谷字哉故

商書是也據此日暘即云暘谷者太宰公山

和仲曰文辨下云陽谷附傳寫之誤名下

云暘谷李善注陸氏韻數為證作暘

今淮南之注豈李善之暘谷之誤也……

嵎夷

此說誤也尚書大傳云元祀代泰山中祀大交霍山秋祀柳穀華山幽都弘山祀注弘山恒山也十有一月朔巡守祭幽都之氣於恒山也正言之者以祭以北稱幽都也然則羲和四子之所宅即四時巡守之地所至嵎夷亦即泰山禹貢之嵎夷既略此即君奭丕冒海隅出日罔不率俾且亦不過指此東安故屬琅邪郡或指嵎山之角也

文字

儀為互陀羅尼闡象

圖陀羅尼頌遍讚某經也　由華音均之學

亦由此起

四弟

九弟

國藩五月廿三日

晉平楚師伐陳取成而還言晉楚爭強

經九年春王正月公如齊無傳公至自齊無傳○夏仲孫蔑如京師○齊侯伐萊無傳○秋取根牟根牟東夷國也今琅邪陽都縣東有牟鄉○八月滕子卒未同盟○九月晉侯宋公衛侯鄭伯曹伯會于扈○晉荀林父帥師伐陳

區鄭注云在吳南地理志云會稽吳縣故周泰伯所封國也具區在西古文以爲震澤禹貢揚州云三江既入震澤底定是也**齊有海隅**海濱廣斥**疏**齊有海隅注海濱廣斥○釋曰此營州藪也云海濱廣斥禹貢文也孔傳云濱涯也言復其斥鹵案說文云鹵鹹地也東方謂之斥西方謂之鹵海畔迥闊地皆斥鹵故云廣斥也**燕有昭余祁**今太原鄔陵縣北九澤是也**疏**燕有昭余祁注今太至澤是也○釋曰周禮并州其澤藪曰昭餘祁鄭注云在鄔地理志云鄔九澤在北是爲昭余祁并州藪是也**鄭有圃田**今滎陽中牟縣西圃田澤是也**疏**鄭有圃田注今滎陽至田澤是也○釋曰周禮豫州云其澤藪曰圃田鄭注云在中牟地理志云中牟圃田澤在西豫州藪僖三十三年左傳云鄭之有原圃猶秦之有具圃也又詩車攻云東有甫草鄭玄以爲甫田之草皆謂此也**周有焦護**今扶風池陽縣瓠中是也**疏**周有焦護注今扶風至中是也○釋曰孫炎云周岐周也詩六月云玁狁匪茹整居焦穫是也時人謂之瓠中也**十藪疏**十藪○釋曰此題上事也說文云大澤也風俗通云藪厚也有草木魚鼈所以厚養人也**○東陵阠南陵息慎西陵威夷中陵朱滕北陵西隃鴈門是也**即鴈門山也○阠音信**疏**東陵至是也○釋曰此五方之陵名也其義及所在未詳云鴈門是也者此指解北陵也即鴈門山是也**陵莫大於加陵**今所在未聞**疏**陵莫大於加陵○釋曰莫無也陵大阜也言無大於加陵者謂加陵最大也○今所在未聞**梁莫大於湨梁**湨水名梁隄也○湨古闃切**疏**梁莫大於湨梁注湨水名梁隄也釋曰釋宮云隄謂之梁詩傳云石絕水曰梁然則以土石爲隄障絕水者名梁雖所在皆有而無大於湨水之旁者杜預云湨水出河內軹縣東南至溫入河春秋襄十六年公會晉侯以下于湨梁是也**墳莫大於河墳疏**墳莫大於河墳○釋曰墳大防也謂隄雖水所皆有而河墳最大也**八陵疏**八陵○釋曰此亦題上事也大阜曰陵湨梁河墳雖非大阜以其絕大若陵故通謂之八陵也**○東方之美者有醫無閭之珣玗琪焉**醫無閭山名今在遼東珣玗琪玉屬○珣荀玗于**東南之美者有會稽之竹箭焉**會稽山名今在山陰縣南竹箭篠也○會古外反稽古兮反**南方之美者有梁山之犀象焉**犀牛皮角象牙骨**西南之美者有華山之金石焉**黃金礝石之屬**西方之美者有霍山之多珠玉焉**霍山今在平陽永安縣東北珠如今雜珠而精好**西北之美者有崐崘虛之璆琳琅玕焉**璆琳美玉名琅玕狀似珠也山海經曰崐崘山有琅玕樹○崘路昆切虛音墟**北方之美者有幽都之筋角焉**幽都山名謂多野牛筋角**東北之美者有斥山之文皮焉**虎豹之屬皮有縟綵者○斥音尺**中有岱岳與其五穀魚鹽生焉**言泰山有魚鹽之饒**九府疏**東方至生焉○釋曰此釋八方中國名山所產之物也○注醫無至玉屬○釋曰案地理志遼東郡無慮縣應劭曰慮音閭顏師古曰即所謂醫巫閭是縣因山爲名故爲山名今在遼東周禮幽州鎮也云珣玗琪玉屬者說文云珣周書所謂夷玉也玗石之似玉者琪玉也皆玉之類也故云玉屬○注會稽至縣也○釋曰周禮揚州云其山鎮曰會稽鄭注云在山陰地理志會稽郡山陰縣云會稽在南上有禹冢禹井故云山名今在山陰

魏世家 古者天子畿內地方千里
[illegible]天下[illegible]
地方五百里以[illegible]
[illegible]也[illegible]

第二十 近世之朝鮮日本

第六十一章 明代之朝鮮日本及清與朝鮮之交涉

第一節 朝鮮李氏之興

高麗為元所役，內政外交受干涉，辮髮易服，舉國皆同化于胡俗。已而國勢衰，國及朝立，乃復振。李朝太祖之高祖名安社，降元，為元所置五千戶之達魯花赤。子行里，安社行里子椿。椿子子春。千戶三世嗣襲職。家之依附之人之一種特殊勢力也。子春時，元衰亡，始與東北面兵馬使柳仁雨協力，復咸州以北。高麗授千戶，衛上將軍，遷朔方道萬戶兵馬使。子成桂，仍就為各楊

李朝之世數

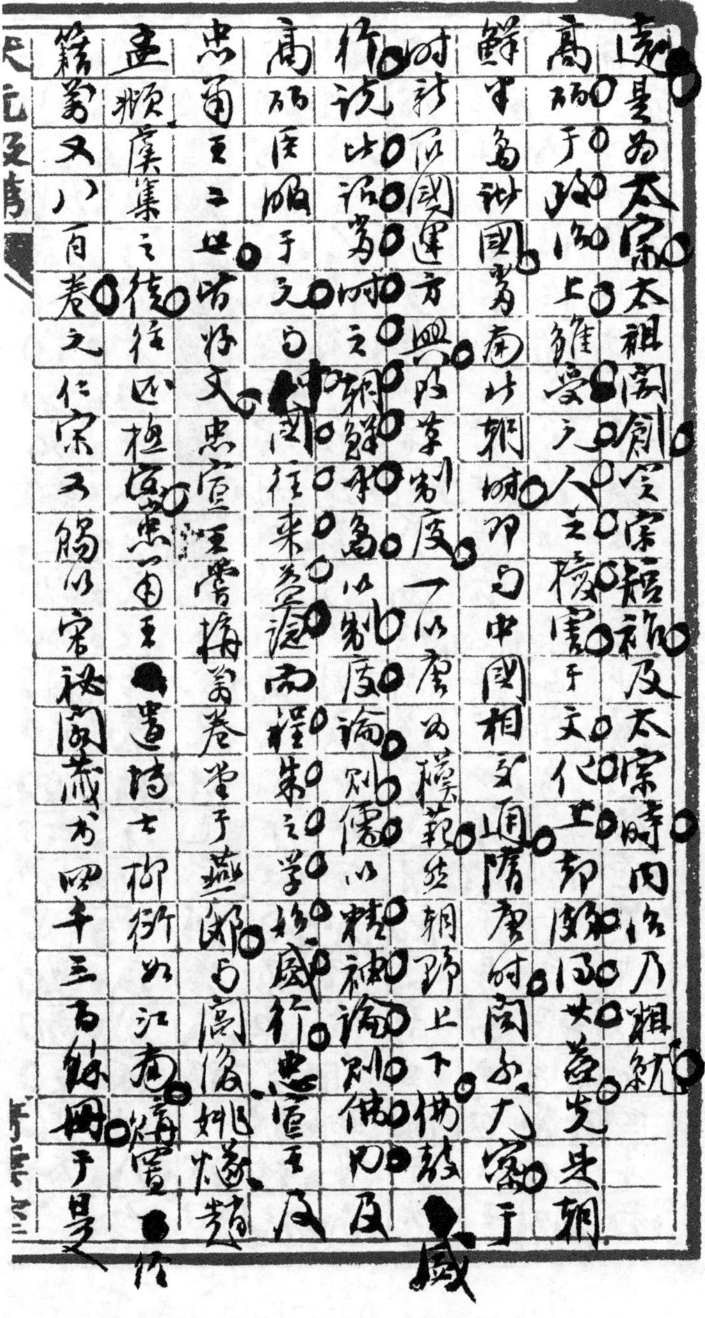

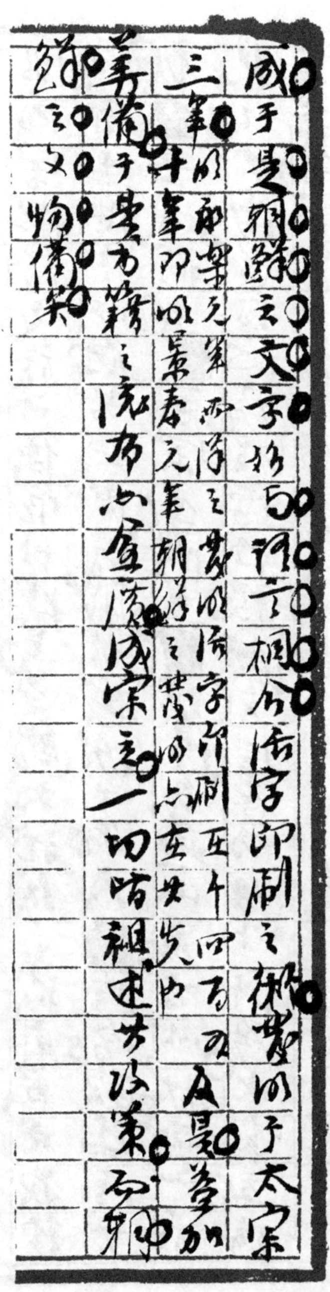

李輔國

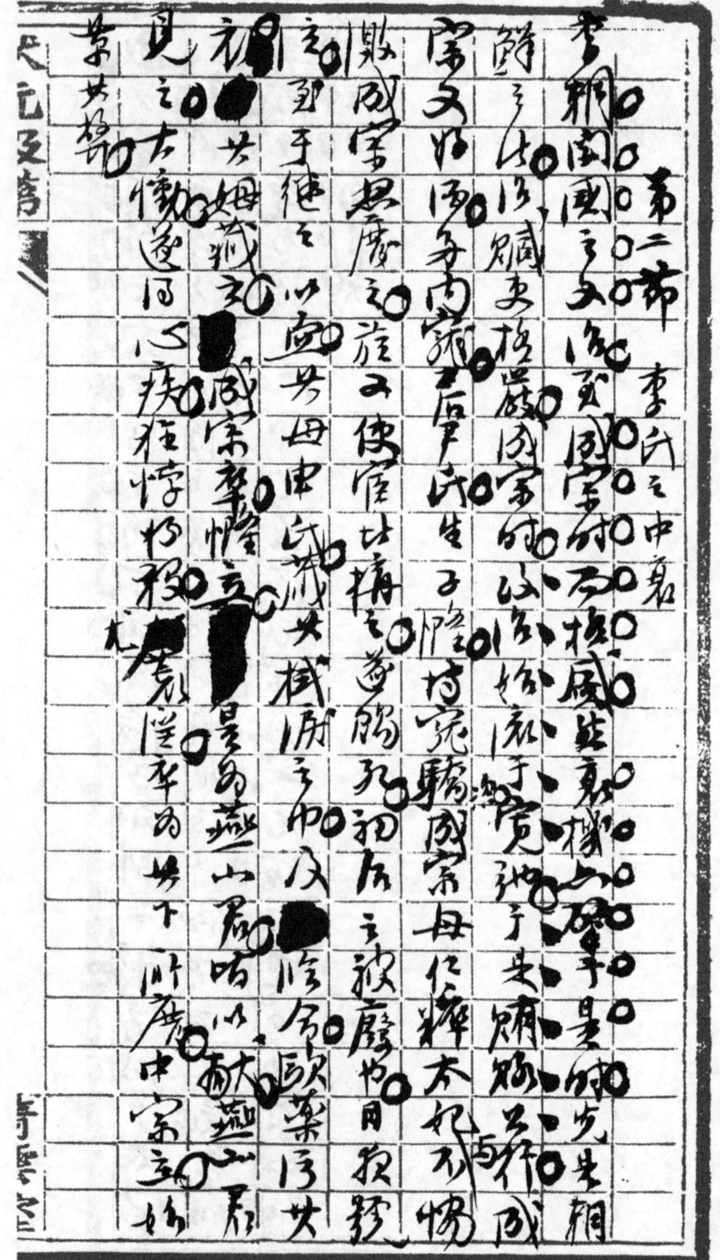

第二節　李氏之中衰

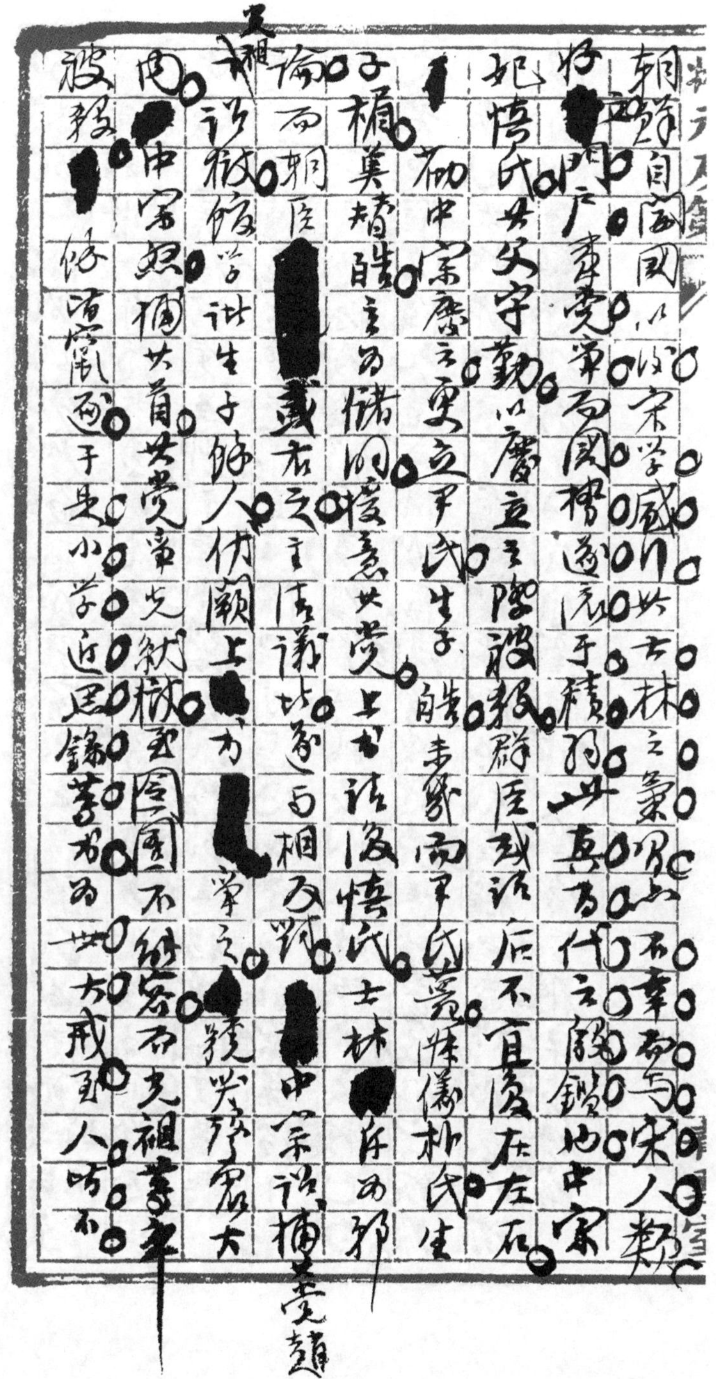

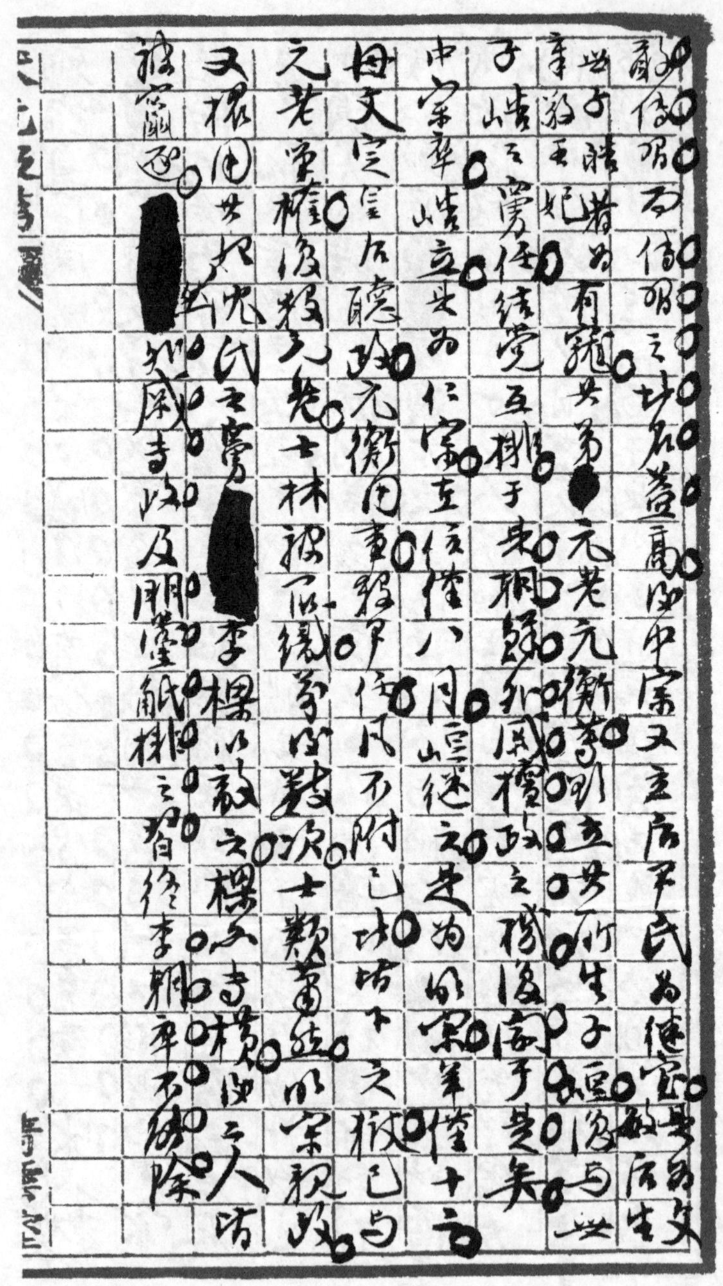

日本之封建 丙辰日考

第三節 日本武人之擅國

日本第二次守府時，北條時宗執政，欧人東侵之兵已及日本。時宗辛，子貞時繼之。北條氏始襲次守府之職，三傳至次二条高貞時，守府子高時年幼，嘗秋田時顯與內管領長崎圓喜，高資遂全攬之權，遂移于外戚與家宰，北條氏益專恣。後醍醐天皇時，簡頡之以心微倦，思去之。高時荒無入，多所害出，是禮有權臣成者，欲去之，勤王之將王子護良親王，及新田義貞等亦起兵討伐北條氏之將足利高氏，相應取，遂後多師北條氏等族俱誅。當貞先到，所以論功行賞，久不決，而左右僧及後宮多以肉勅得賞，將士皆不平，足利高氏遂乘，尊氏作帝國賜

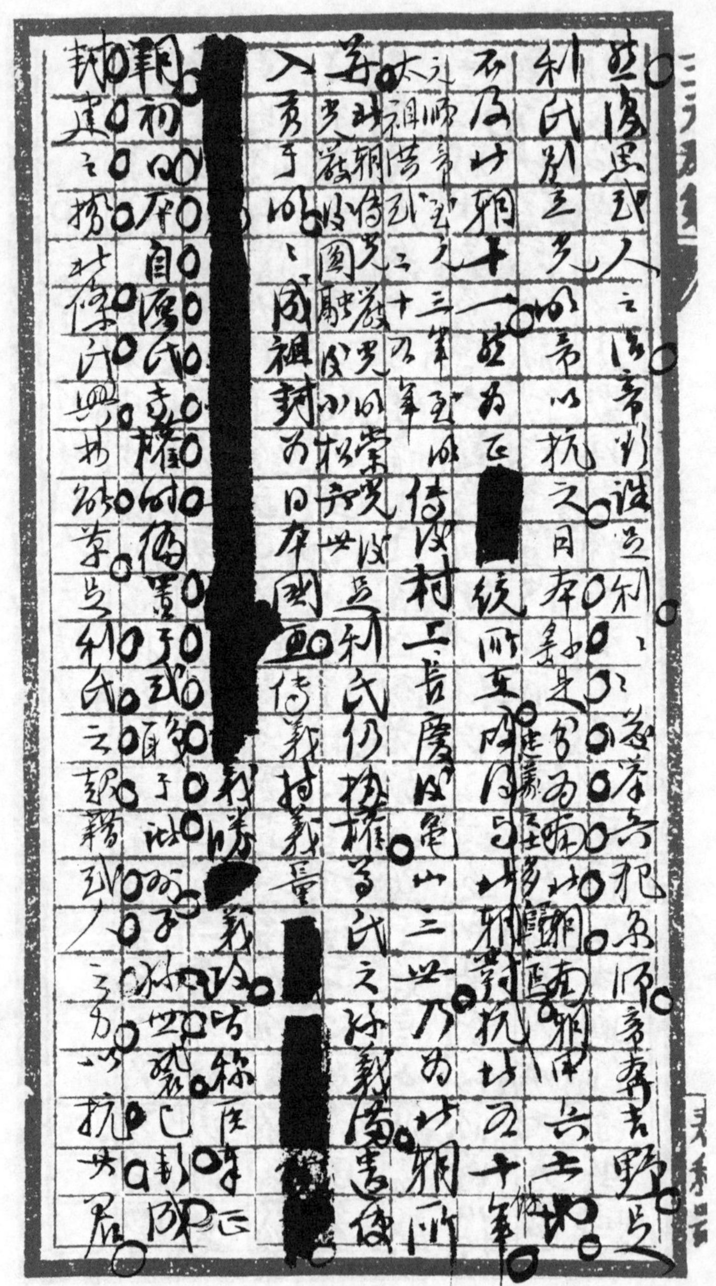

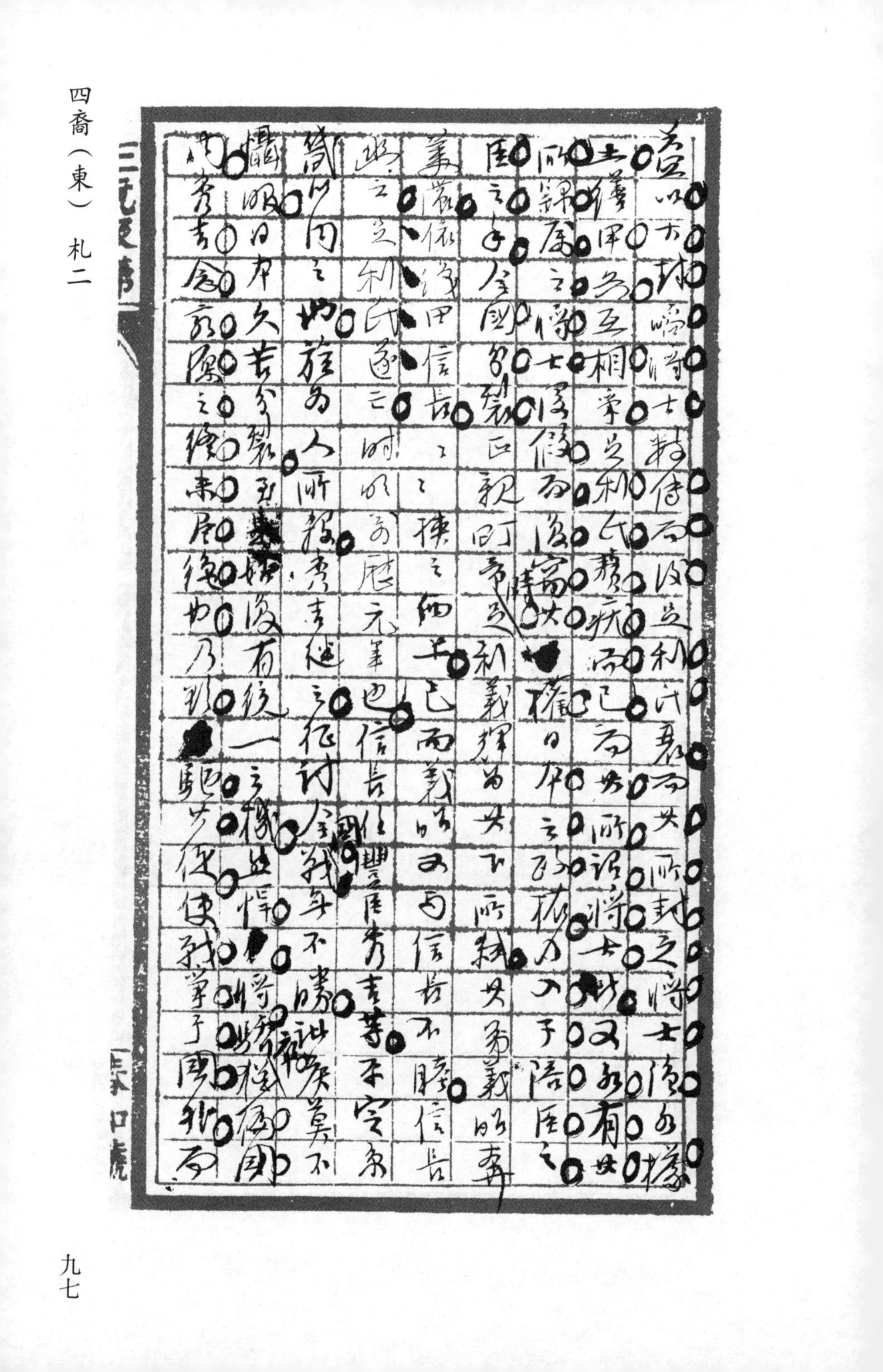

僅稱之亭部矣

第四節 豐臣秀吉侵朝鮮

李朝與日本之交通，由來頗久。初日本自與元搆兵，民不得與中國交通，私出海營貿易，[illegible]掠頗甚，邊民大受[illegible]，乃為海寇。及南朝為北朝所并，遺臣多入海與之合，而其勢愈[illegible]，[illegible]為商[illegible]害。遣[illegible]積習之。及李朝腐敗，[illegible]威[illegible]，[illegible]防[illegible]亦廢[illegible]。[illegible]朝鮮又與日本通好。日本亦分據之中宗末，足利氏專[illegible]海寇。後起，西南大被侵掠，乃置備邊司以防之。然[illegible]朝鮮[illegible]如宗[illegible]。時為力窮已積弱，數[illegible]復無[illegible]。會日本[illegible]封建時代，[illegible]將[illegible]

[illegible]宜於一統[illegible]也

此[illegible]

本節參考[illegible]

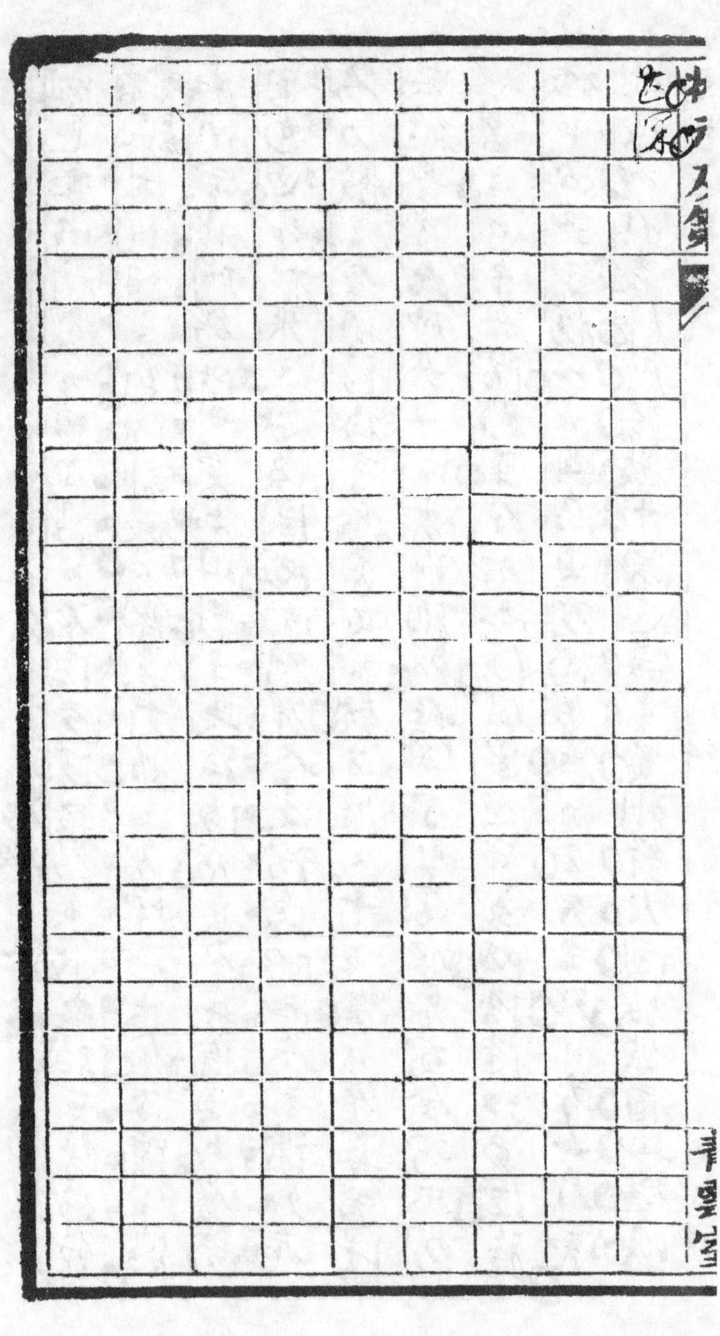

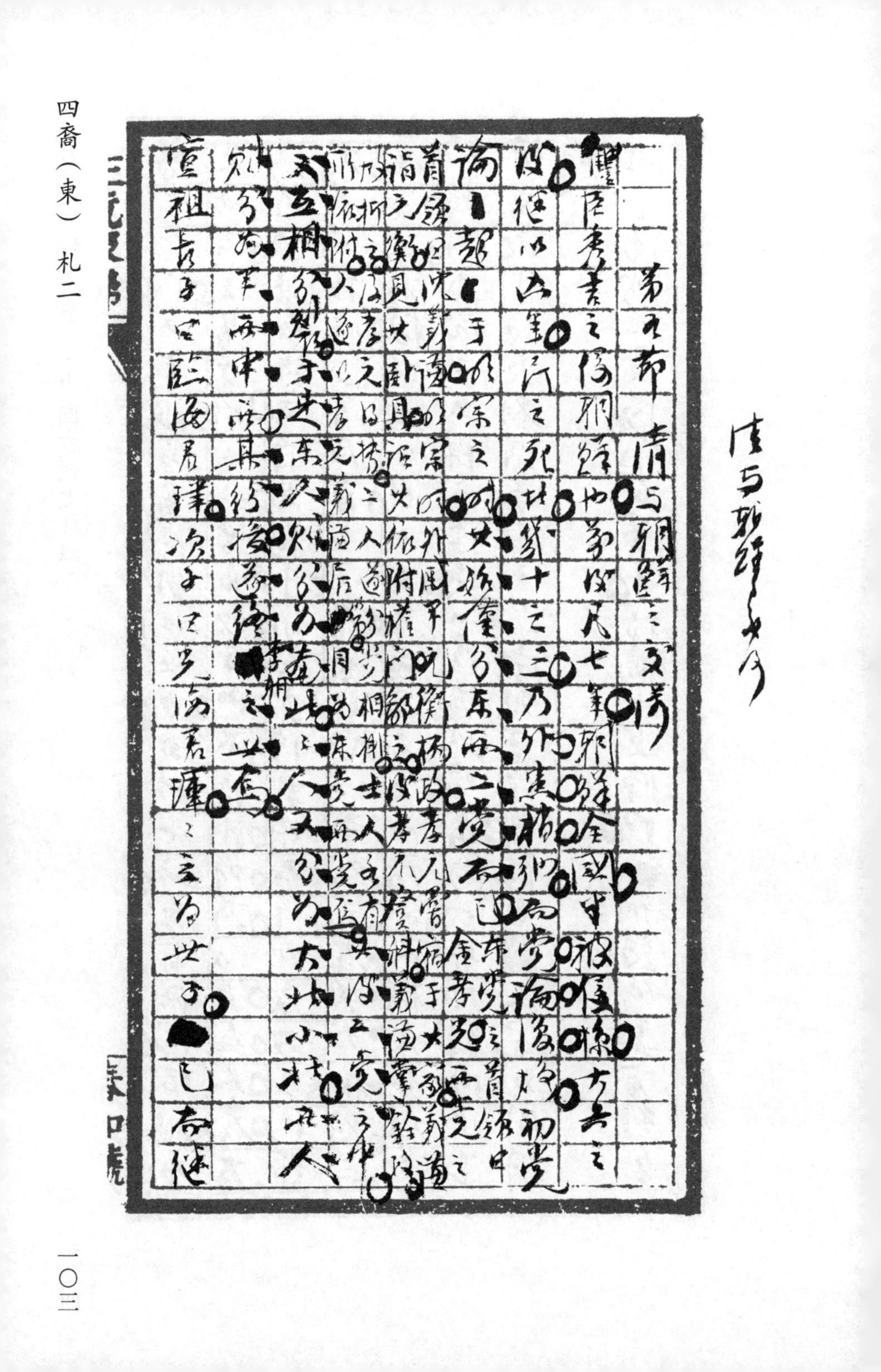

第五節　清与朝鮮之交涉

清与朝鮮之交涉

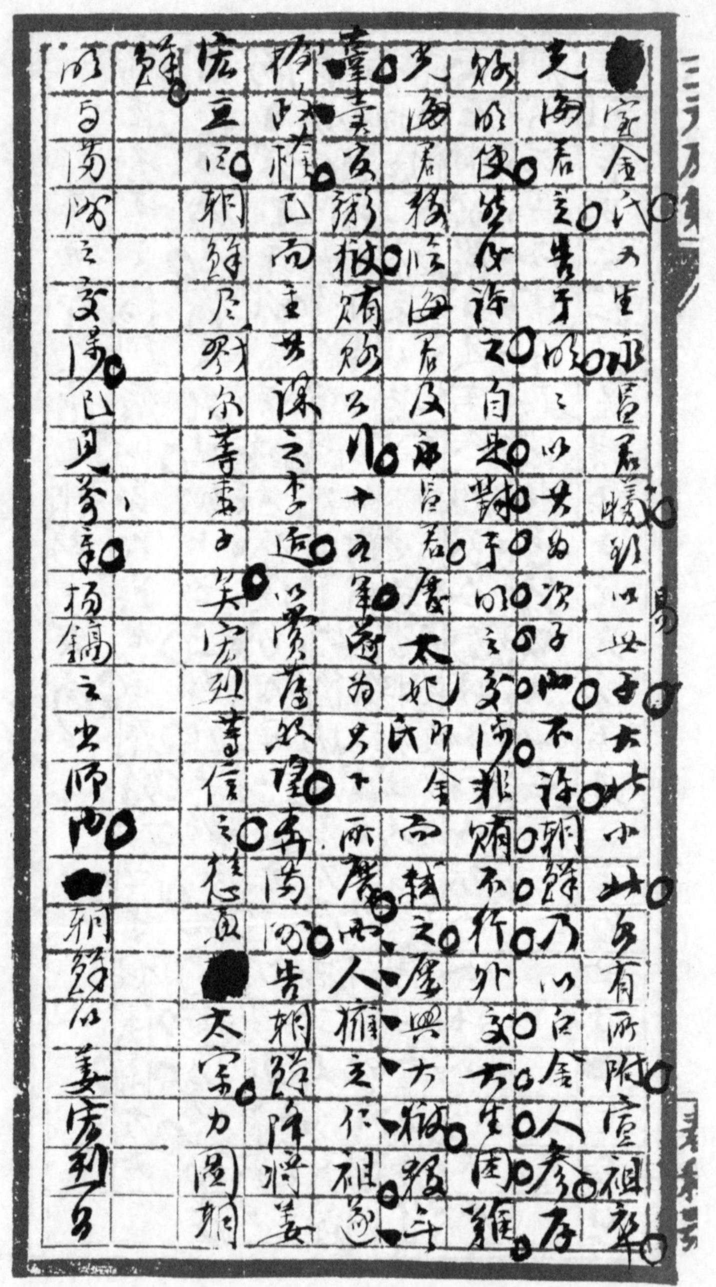

三元三齋

上遣都之仲[redacted]師以與之合，已而叛，續降清。[redacted]

既為李唐所征

[redacted]

[redacted]唐太宗因兵朝鮮。太宗以以毛文龍據皮島。

常發糧于朝鮮，然彼之以崇禎，及其本朝天聰七年，遣書責勒阿敏。

[redacted]伐朝鮮，陷鴨綠江，陷義州，進陷平壤，遂渡大同江。仁祖奔江華。

滿洲兵以無舟不能渡，乃南下。議與朝鮮遣使議和，約分之萬云。

盟，結自是[redacted]以後滿洲益盛，求取無厭，朝鮮人苦之。及崇禎九年，太

宗稱尊號。非以臣禮下朝鮮ゝゝ[redacted]士論大閧，遂決絕其使[redacted]

太宗自將伐之，仁祖徙妻子于江華，自率家奔南漢山城。清兵圍

三友印號

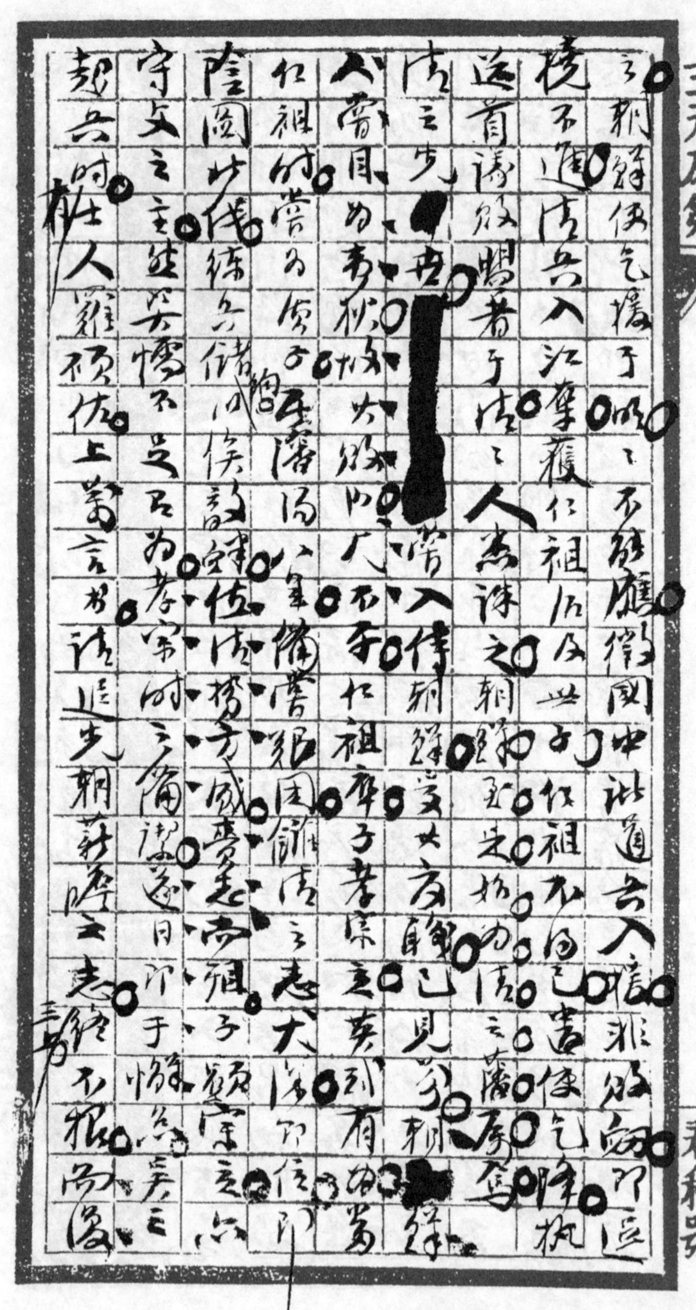

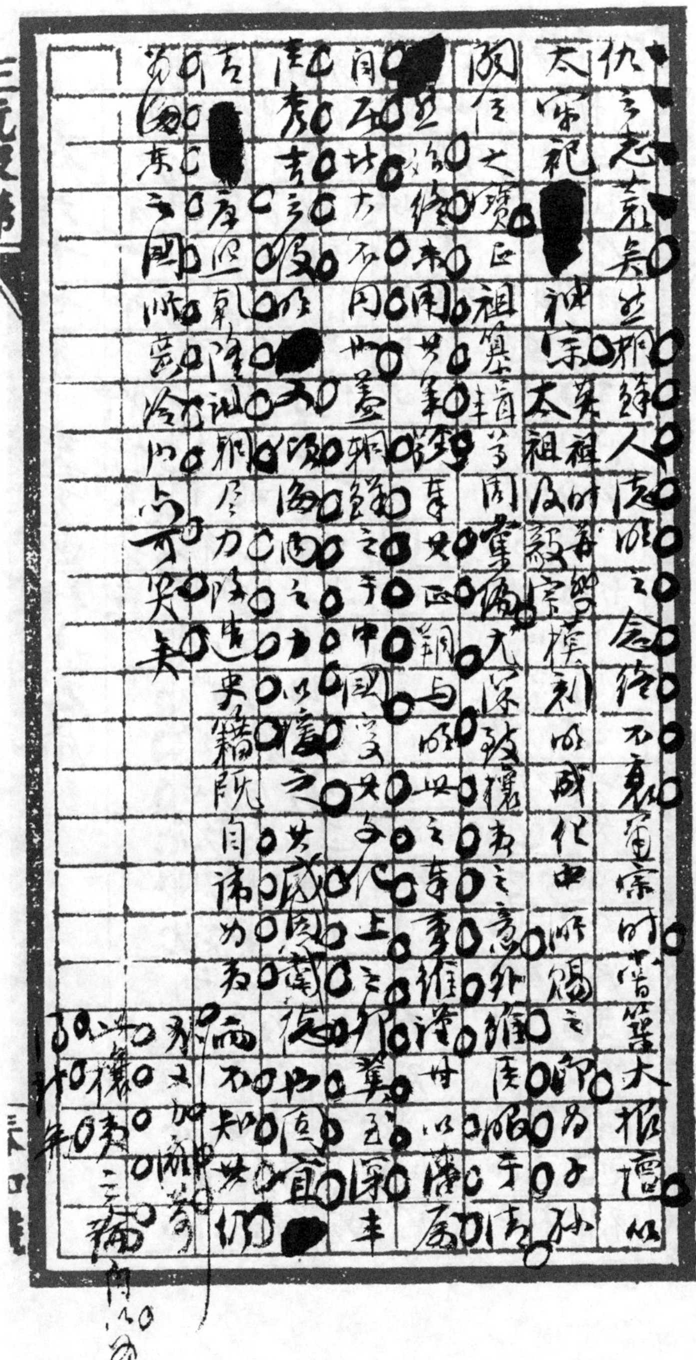

第六十七章 東方近代之大局

第一節 朝鮮之衰亂

朝鮮、日本，文化皆受之于我，故國情頗與我相類。西人之侵至東革也，朝鮮、日本人讀之，亦意見亦與我大略相同，其民為大勢所驅，以深閉固拒而終不可，而亦大略相同。然日本受外力之震撼，遂以勃興；朝鮮則至于亡國；而我國則積弱以迄于今，則其國內之情勢不同也。

朝鮮近世之歷史，一言以蔽之，曰黨爭而已，外戚而已。二者互相利用，互相排擠，遂不惜舉一切以殉之，此其所以終于亡國也。朝

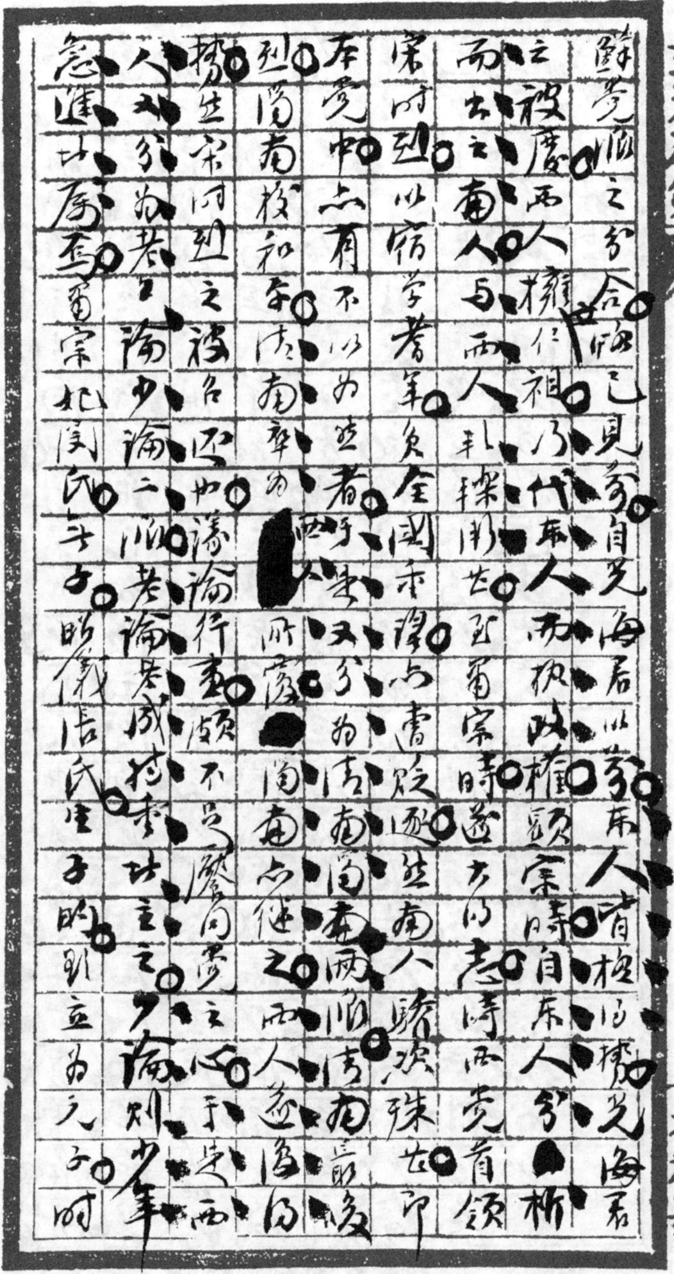

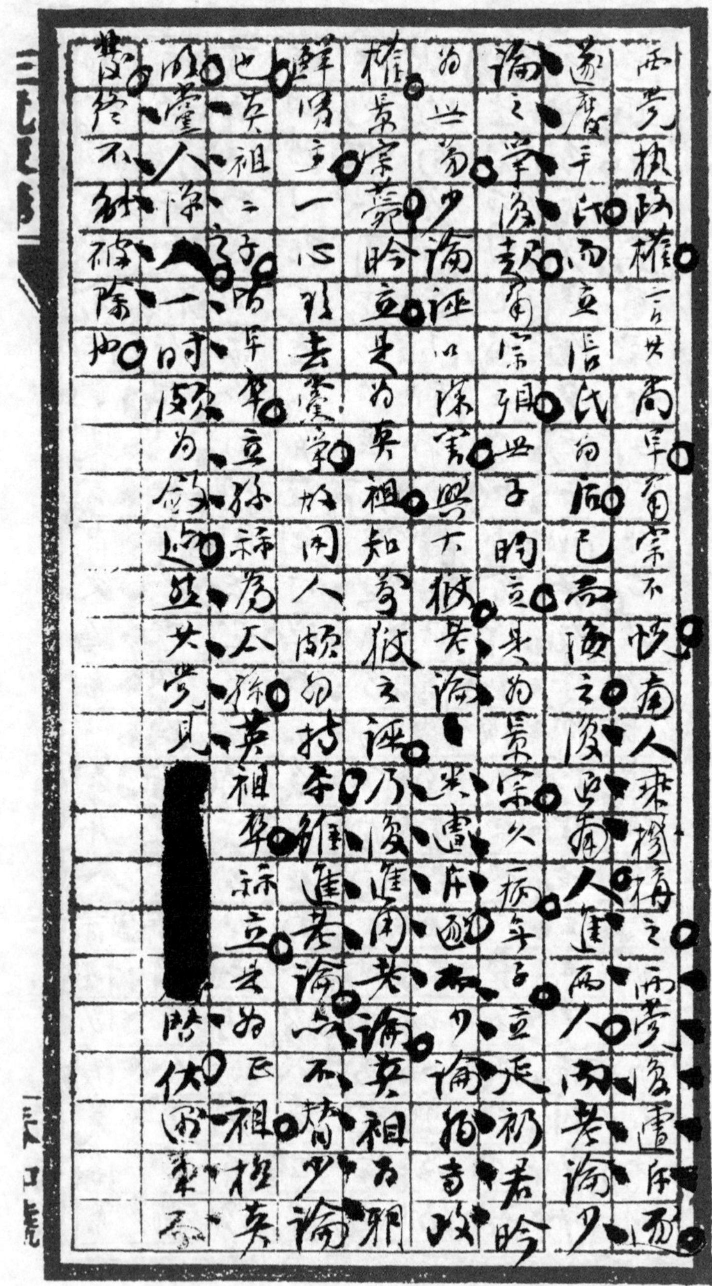

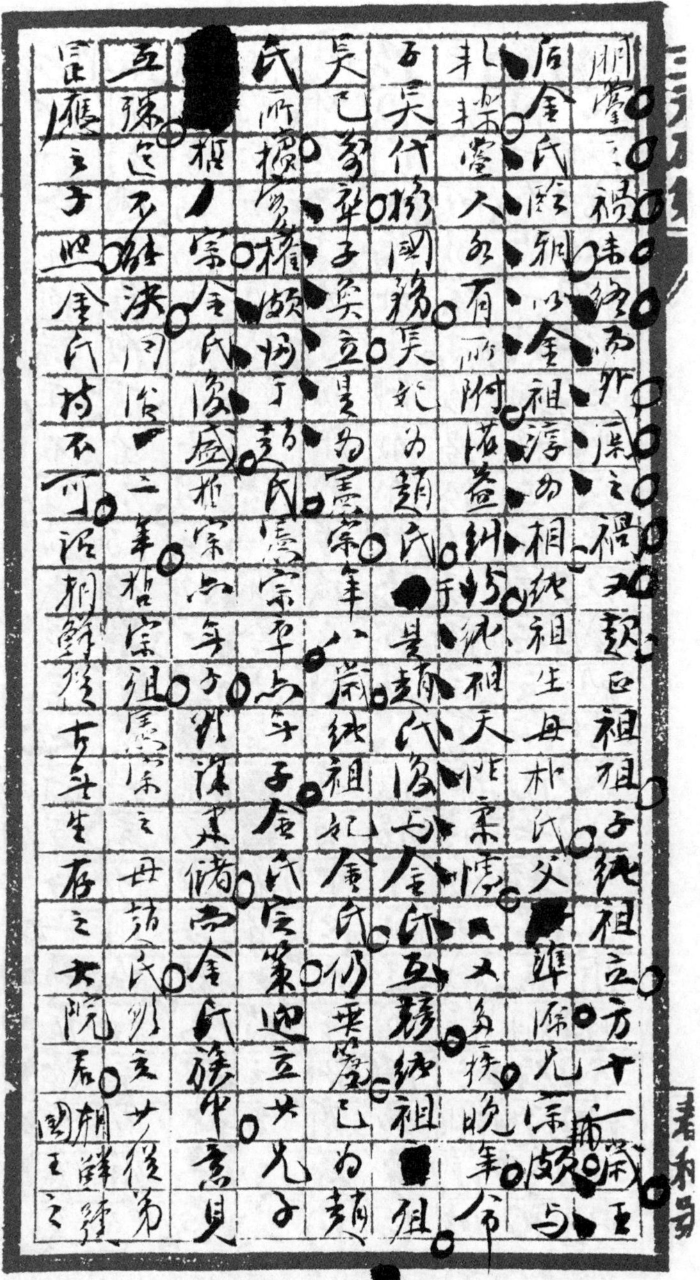

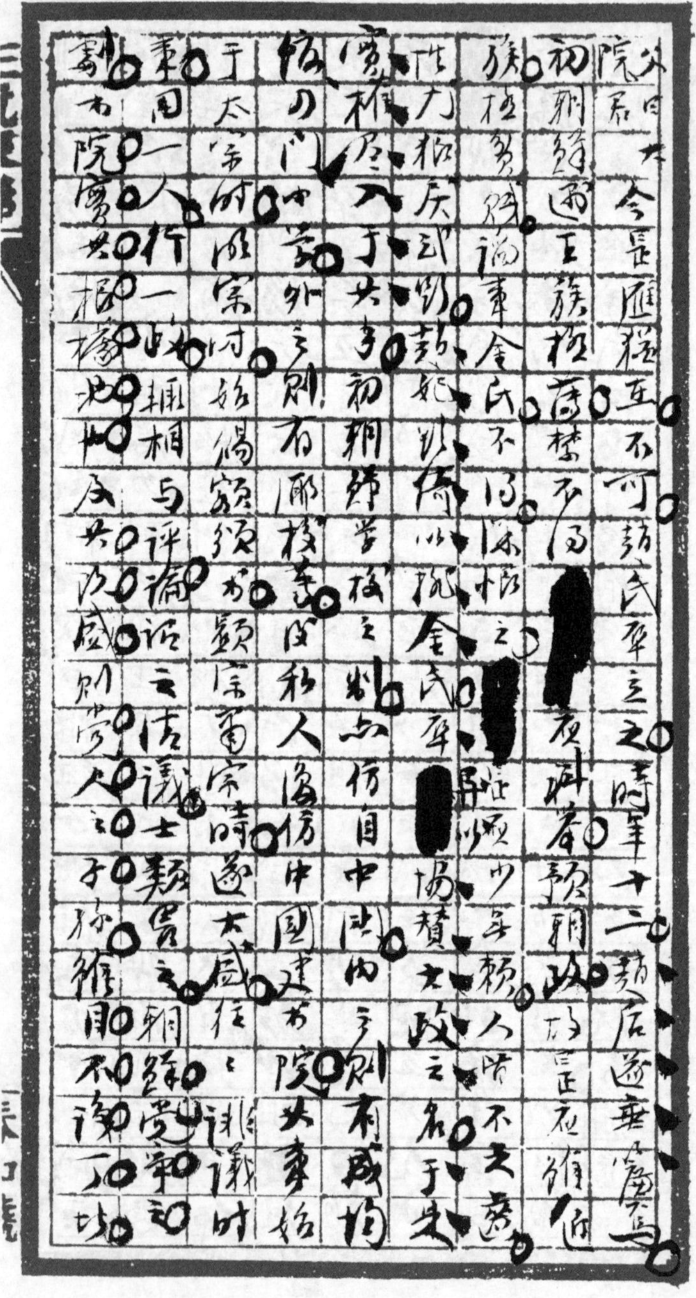

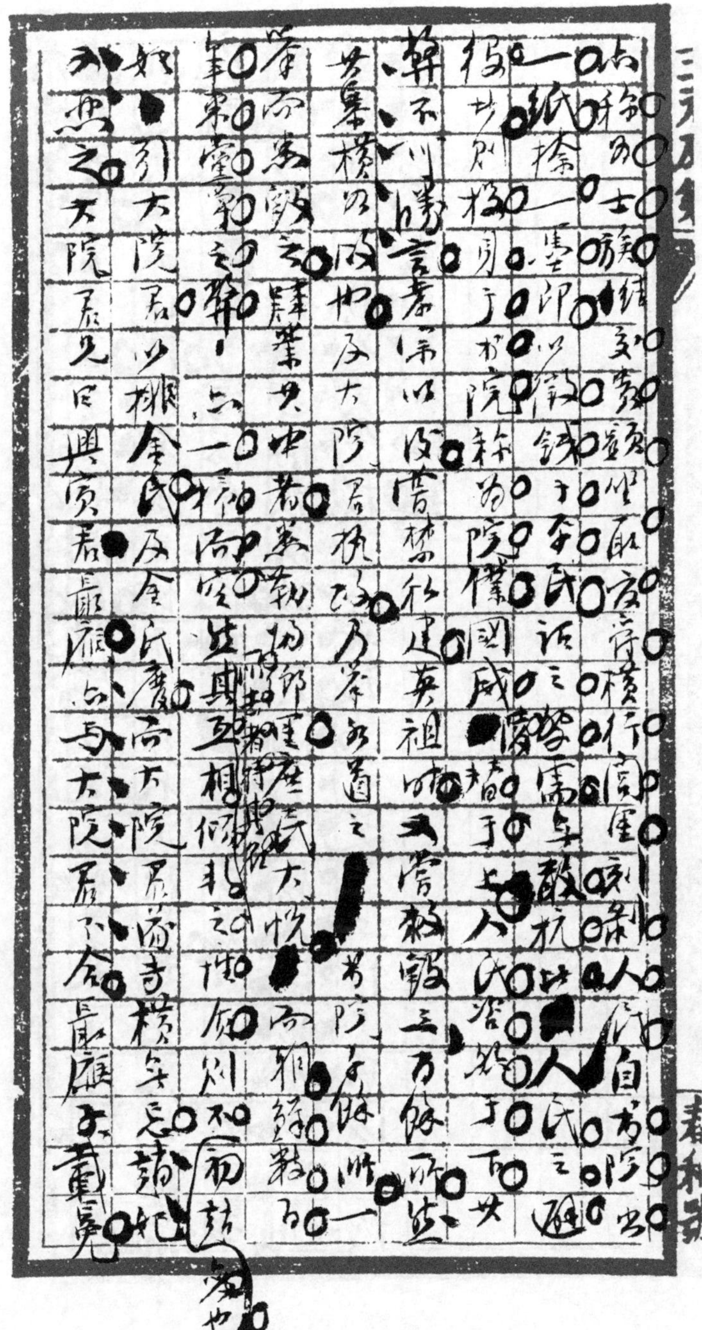

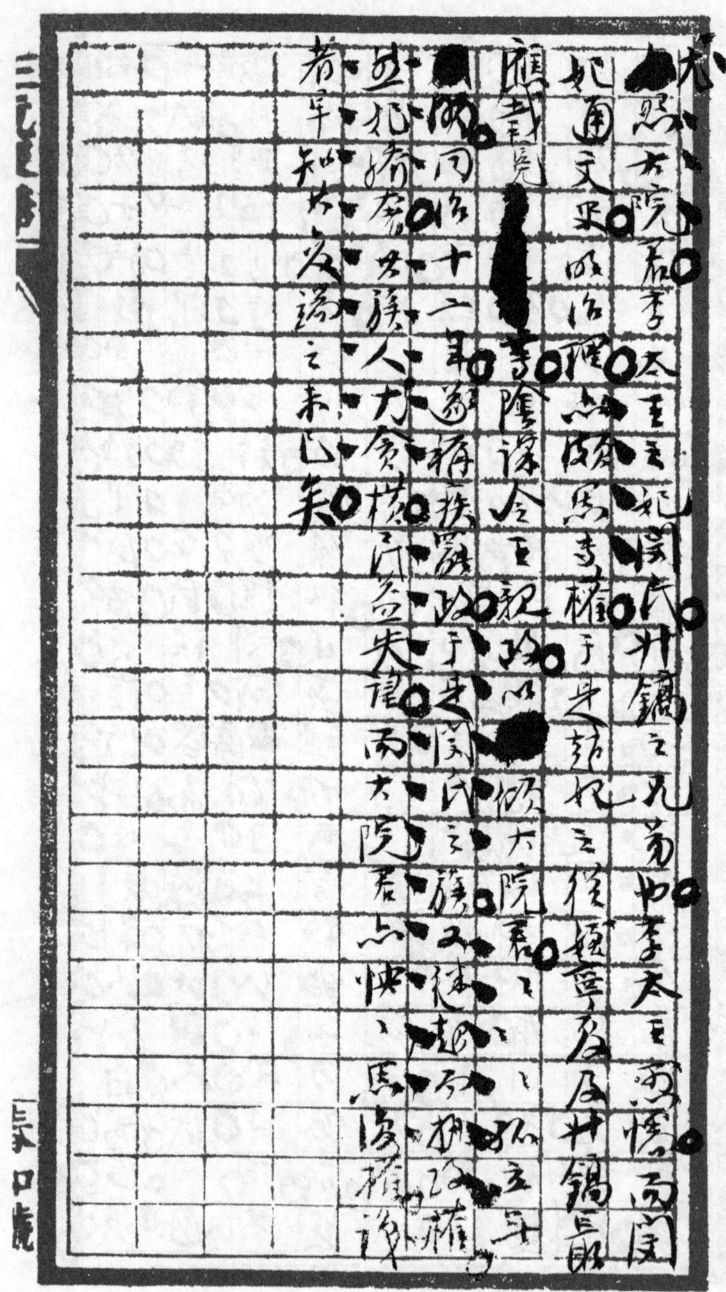

然大院君，李太王之父；閔妃，閔氏升鎬之兄弟也。李太王[illegible]懼而閔妃頗通文史，明治維新以後，欲專權于其[illegible]之[illegible]，及升鎬[illegible]載晃[illegible]陰謀令王親政，以傾大院君。王[illegible]立年[illegible]同治十二年，遂稱[illegible]，于是閔氏之族又[illegible][illegible]權[illegible]其外族人尤貪橫，[illegible]益失望，而大院君亦怏怏，因[illegible]後[illegible]者，且知其交[illegible]之未已矣。

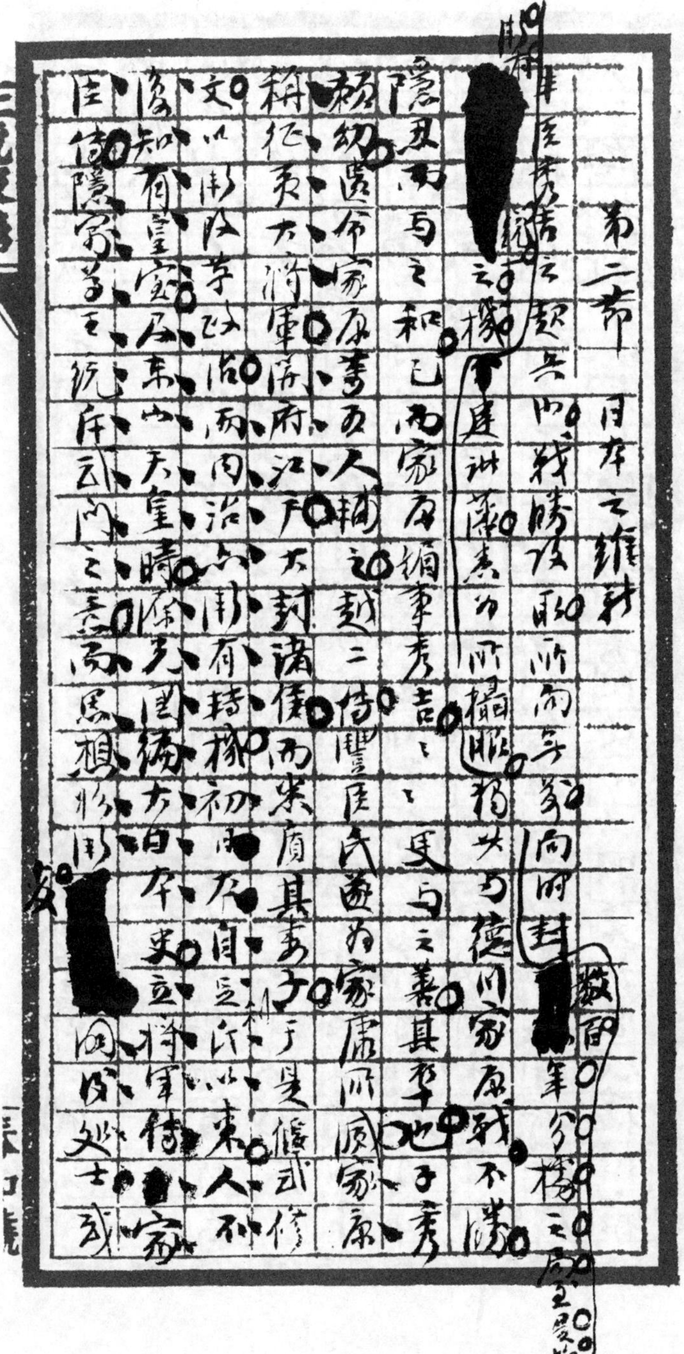

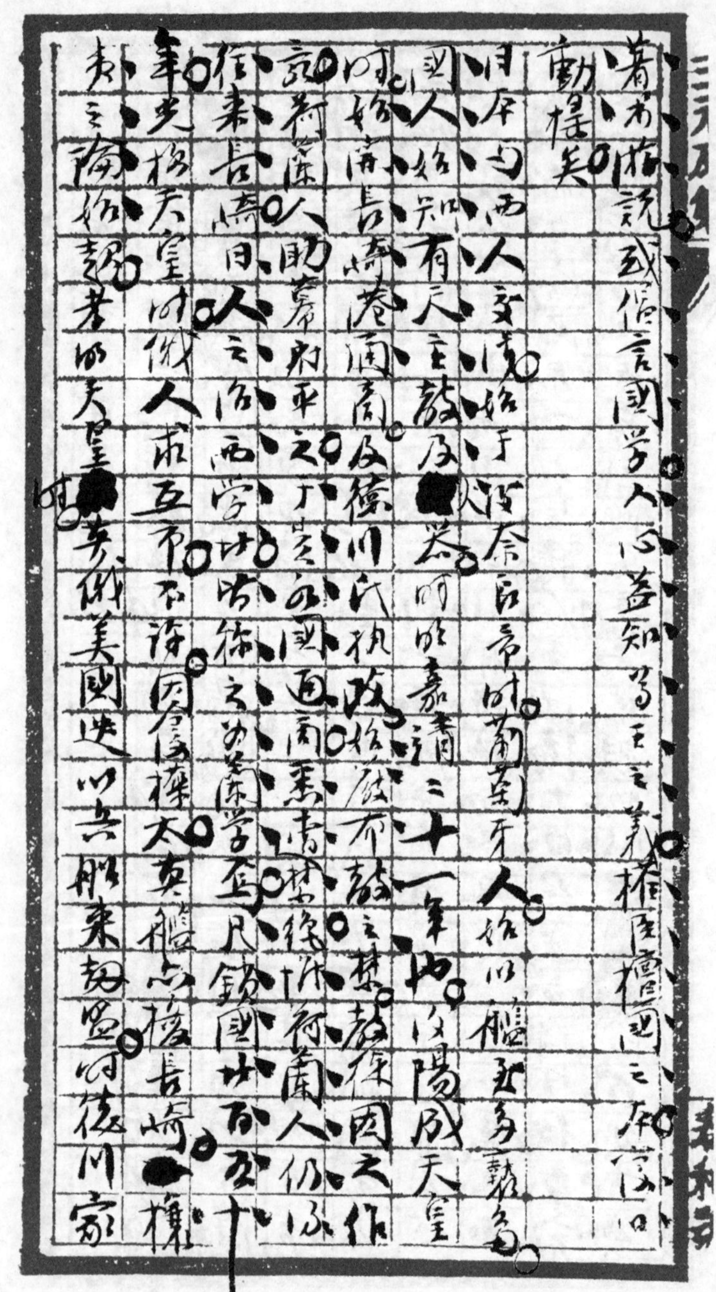

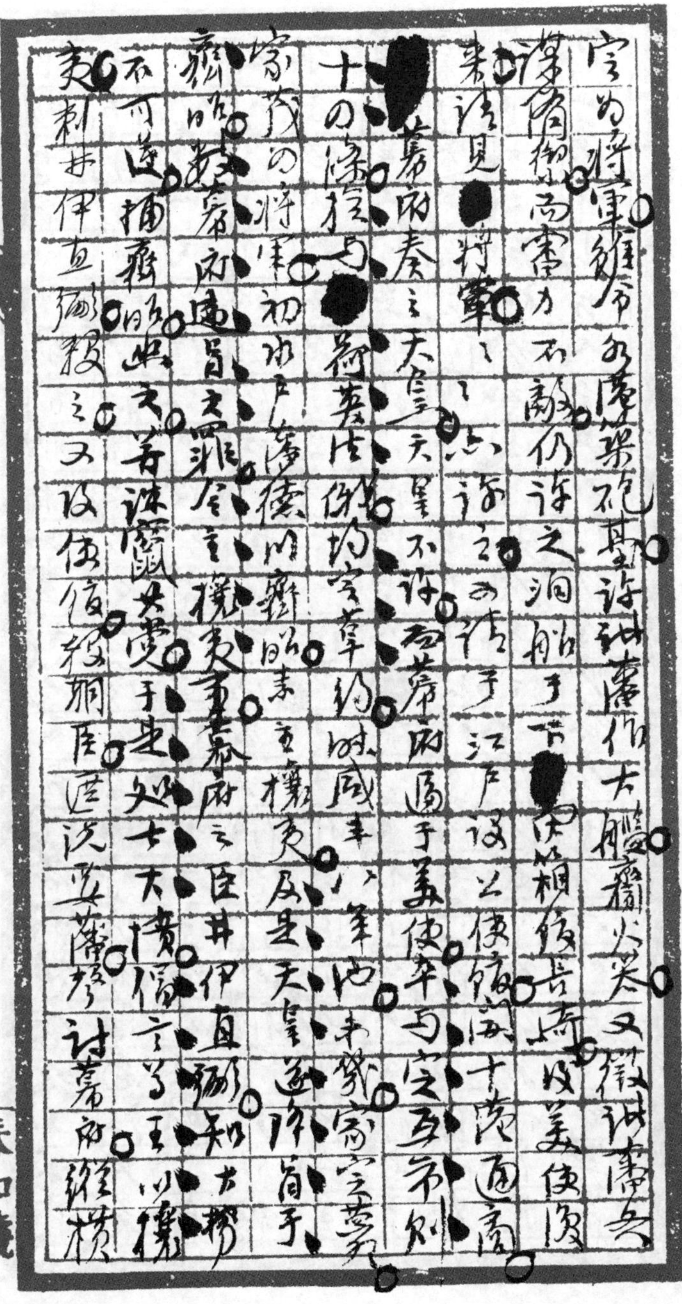

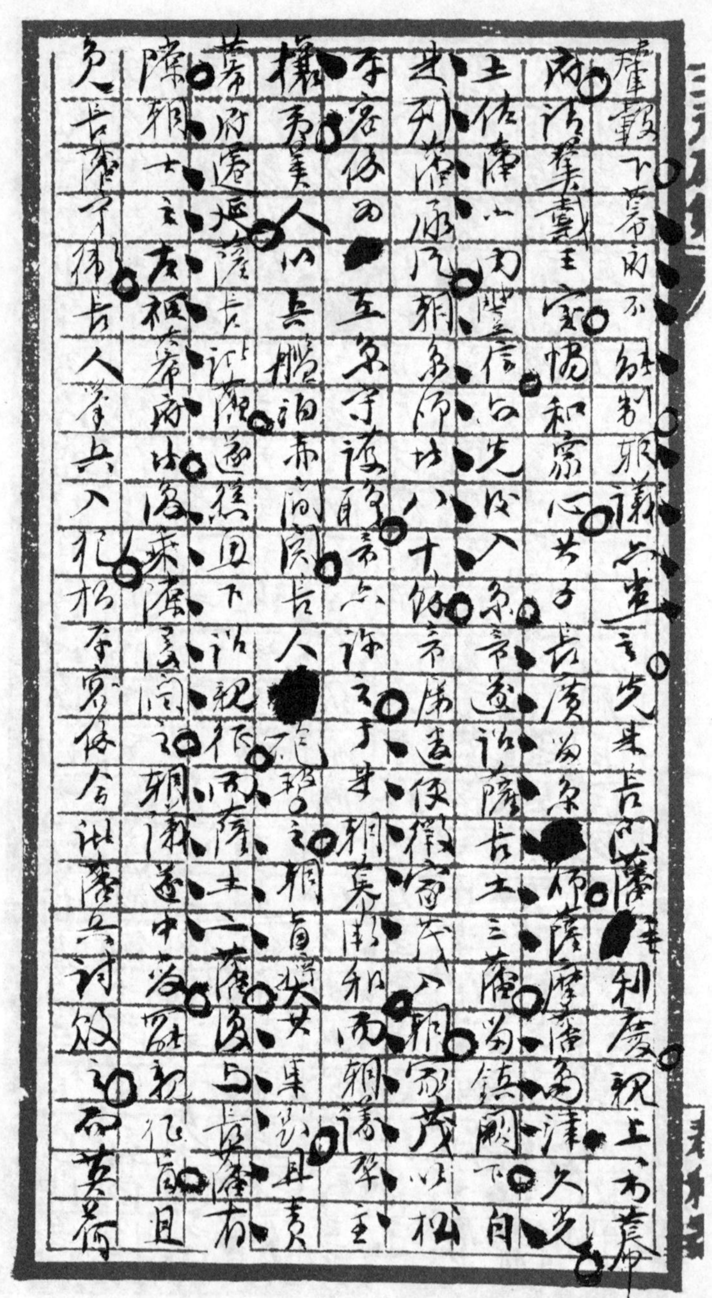

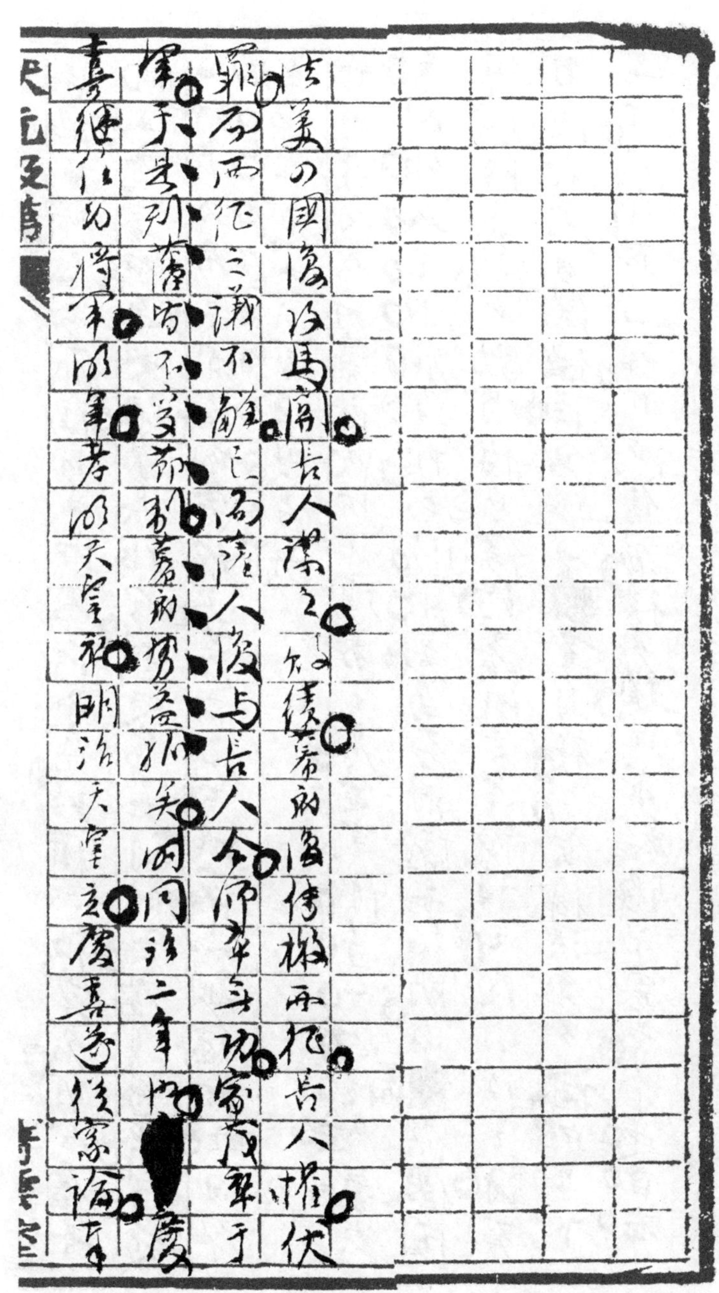

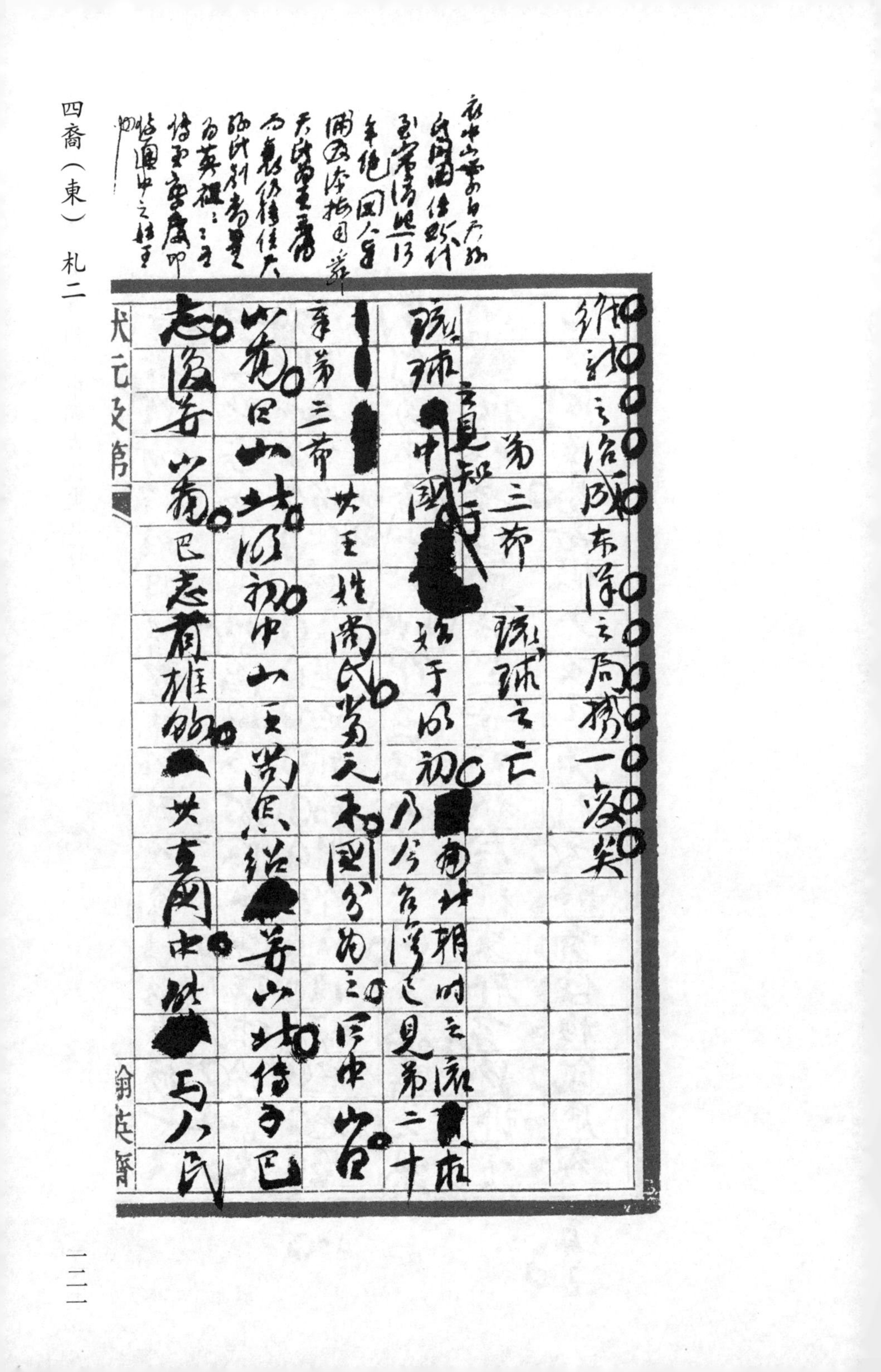

錯綜之洽成南洋之局勢一變矣

第三節 琉球之亡

琉球之見知于中國，始于明初。乃今名，見第二十

南北朝時之流求

第三節 其王姓尚氏，尚之本國，名為之戶中山首

山南、山北，以初中山王尚巴志並山南、山北，傳于巳

志後並山南，巴志有雄略，其子尚中，王八民

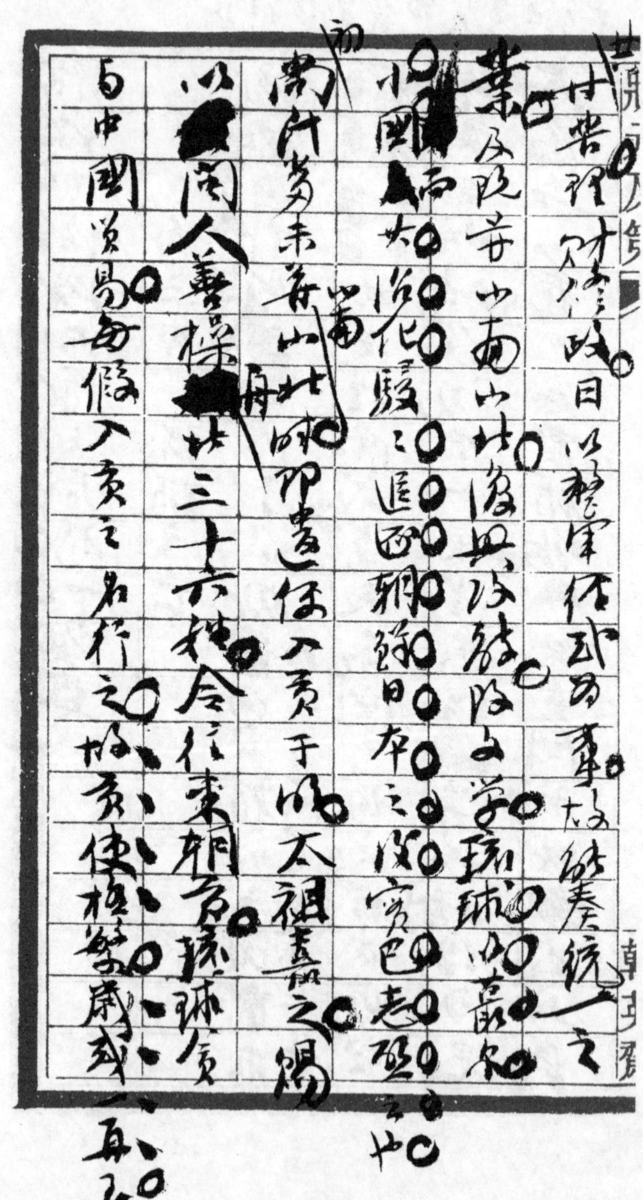
洪武五年察度

其皆理財之政，日以整軍經武爲事，故能奏統一之業。及明初，山南、山北復與中山爭，琉球乃分爲三。
小國而知慕化，殷之遺風，猶日本之於隋唐也。
初，當時琉球未并，中山、山南、山北皆遣使入貢于明。太祖嘉之，賜
以閩人善操舟者三十六姓，令往來朝貢。琉球人
自中國貿易，每假入貢之名行之，故貢使極繁，歲或一再至云。

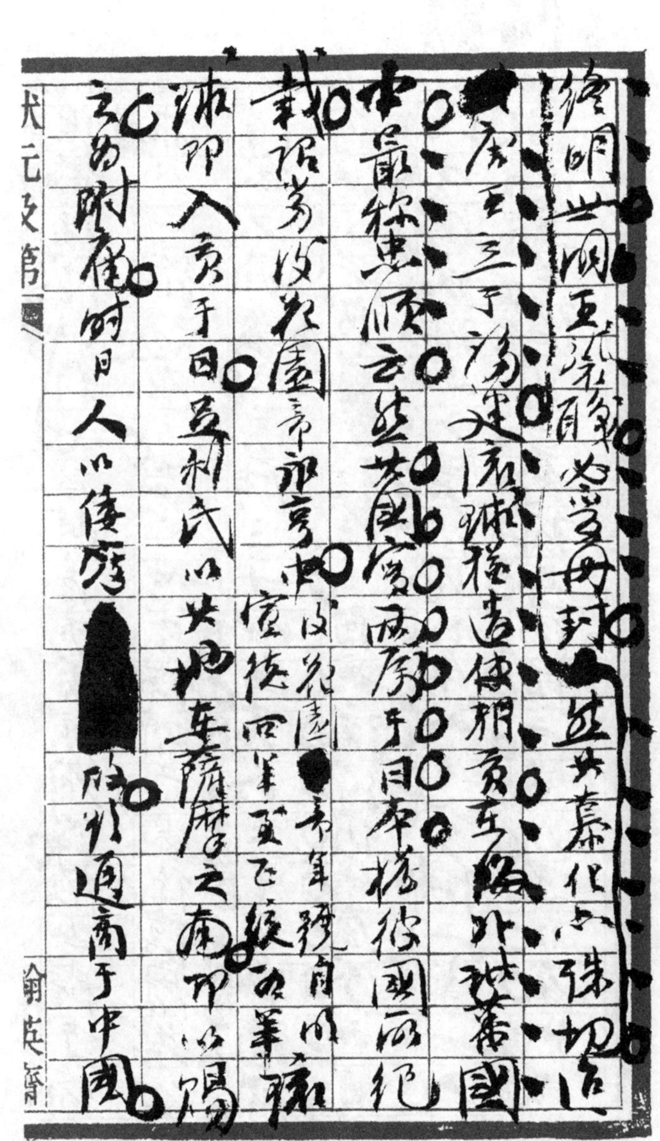

惟假琉球以行。記及豐臣秀吉攻朝鮮，徵兵糧于琉球，琉球維勉應之。旣不恭，明貢道絶。後薩摩侯爲其所欺。後之萬曆三十四年，率兵三千以攻琉球。萬曆三十七年。德川秀忠時，島津家久。

參考吳王潤寧■注釋之。自是琉球仍兩屬于中日。

清之興，琉球亦入貢，仍封爲中山王，定例二年一入貢。明、清之際，仍受冊封，而琉球之兩屬于日本也如。

順治十一世子尚質遣使繳故明印，康熙元年遣使禮，則王始得封，定二年一貢。

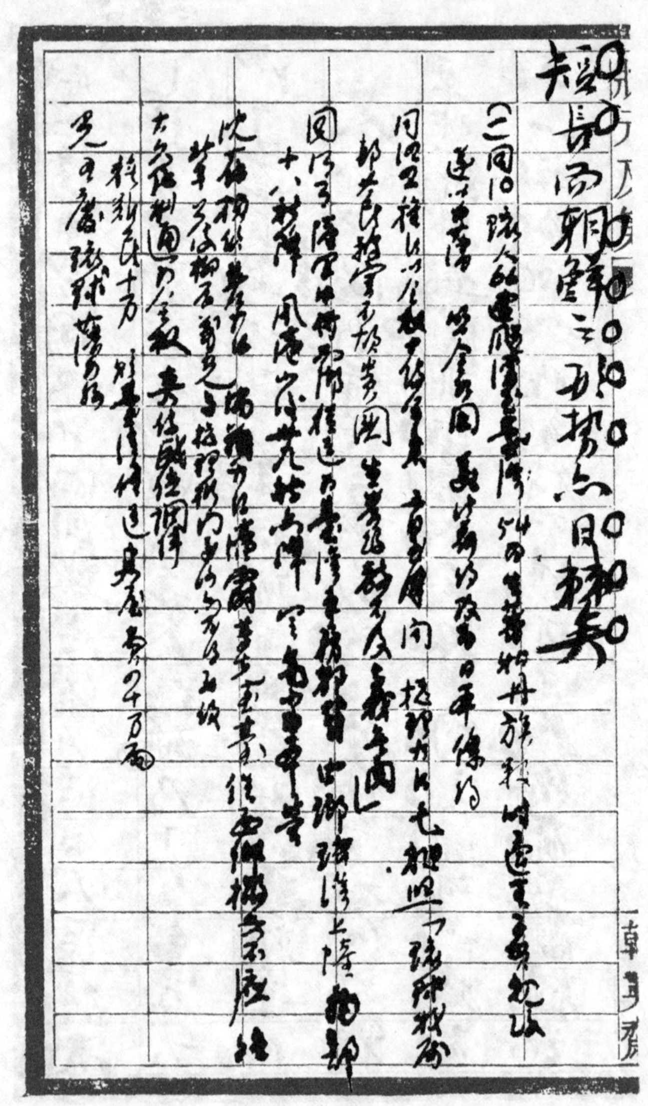

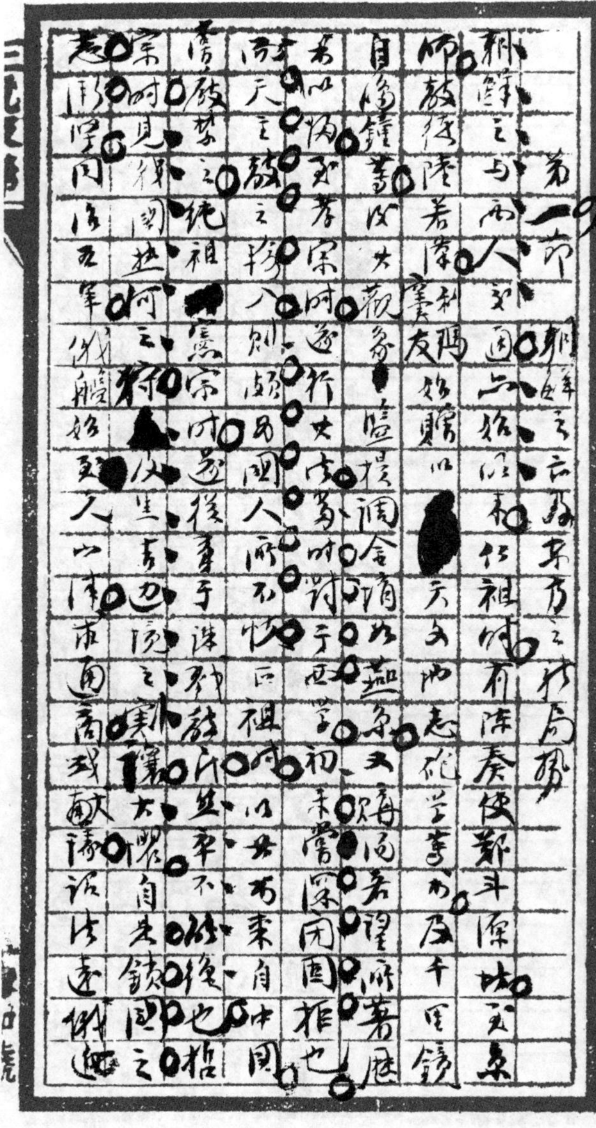

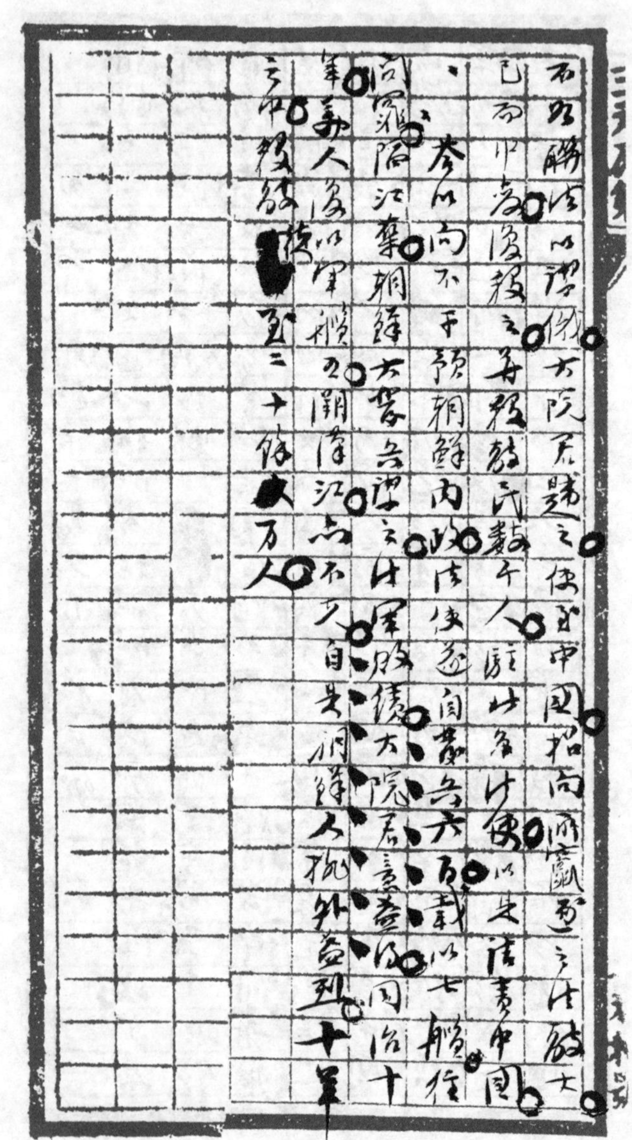
而公勝法以禮例。大院君歸之，使至中國招[illegible]逃之法教士。已而[illegible]殺之，再殺教民數千人。駐北京法使以其語書中國總署。以向不干預朝鮮內政，法使遂自率兵六百，載以七艘，往問罪。陷江華，朝鮮大發兵禦之，法軍敗績。大院君益驕。同治十年，美人復以軍艦至，闖漢江，亦不克。自是朝鮮人攘外益烈。十年之中，殺教民[illegible]至二十餘萬人。

[illegible]

自豐臣秀吉之亡朝鮮仍与日本通好惟宗氏以日本与
朝鮮通商疑之故於[illegible]中絕以名結日本尚通宗
臣[illegible]朝鮮以然未[illegible]卸和首[illegible]通嚴[illegible]仍切不受[illegible]
後係和[illegible]背往朝鮮人貝女而服[illegible]而拒之曰
人大憤而[illegible]國書[illegible]借[illegible]之議[illegible]不[illegible]美人[illegible]不

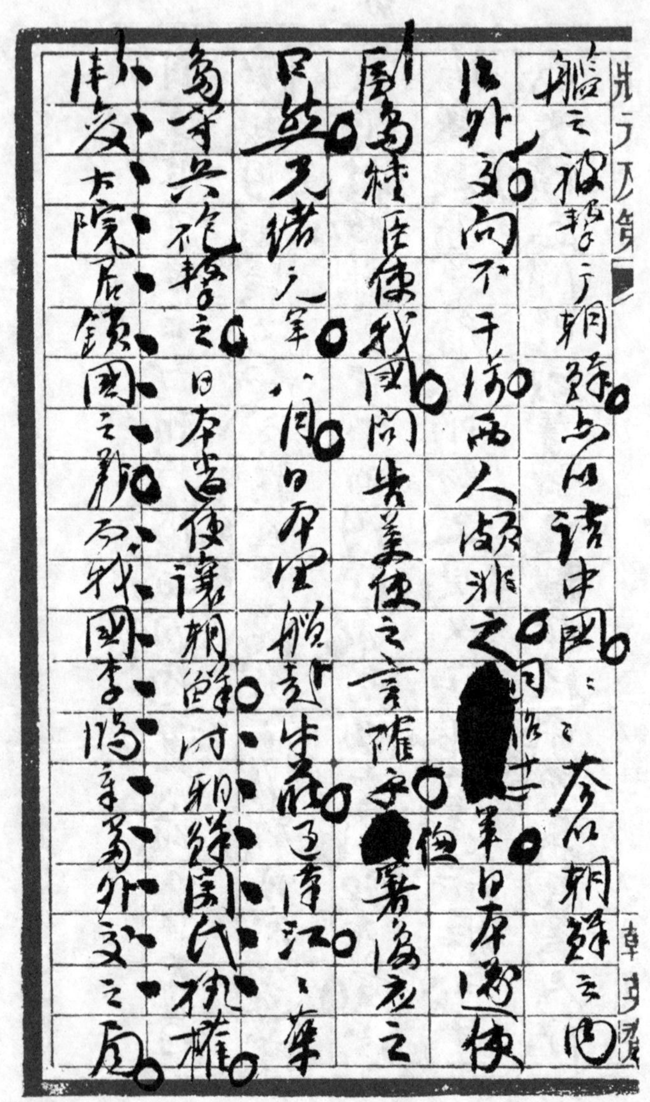
船之被擊于朝鮮也，以詰中國。中國答以朝鮮之內政外交，向不干涉。兩人皆非之。同治十二年，日本遣使屬島續臣，使我國問告美使之言，謂予[illegible]署後應之。只能無之。光緒元年，八月，日本軍艦赴牛莊，至江華島，守兵砲擊之。日本遣使詰朝鮮，詢責朝鮮，閔氏執權，歸政大院君，居鎮國之職，而我國李鴻章爲外交之后。

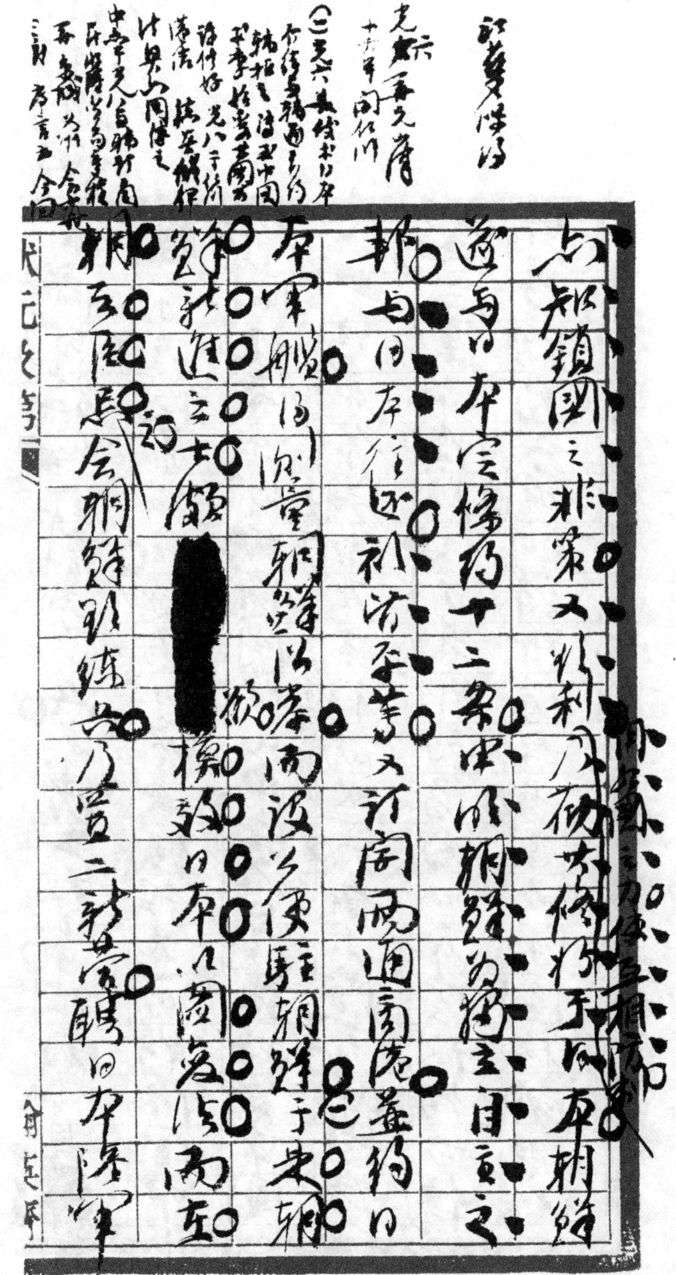

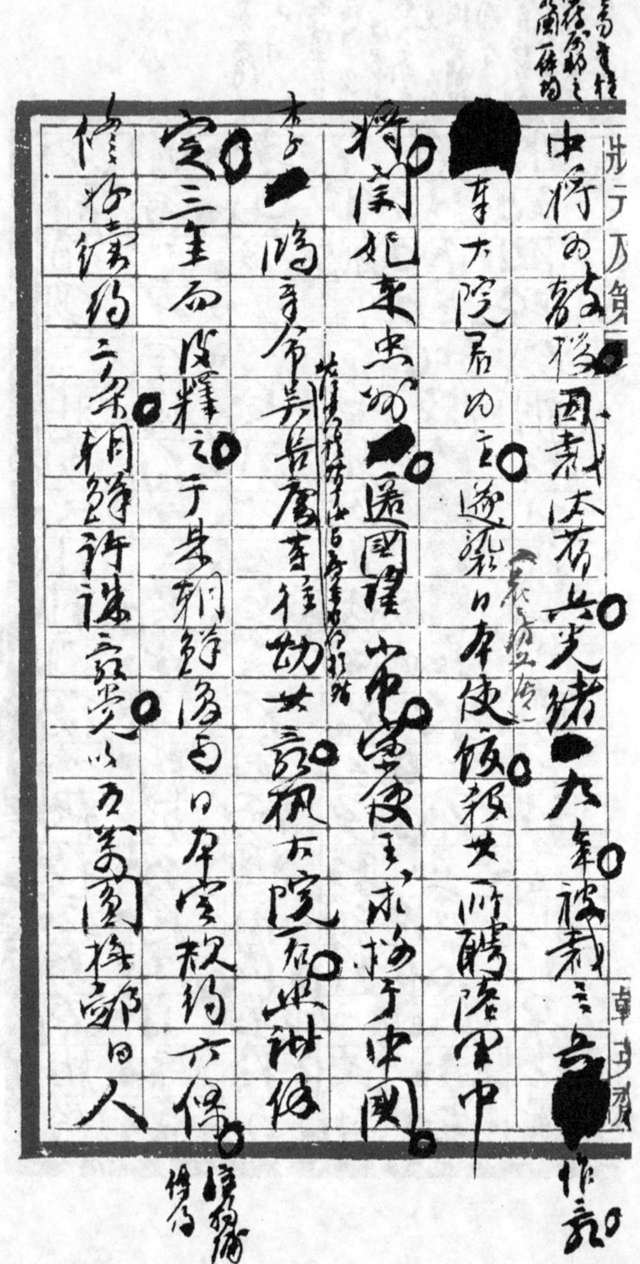

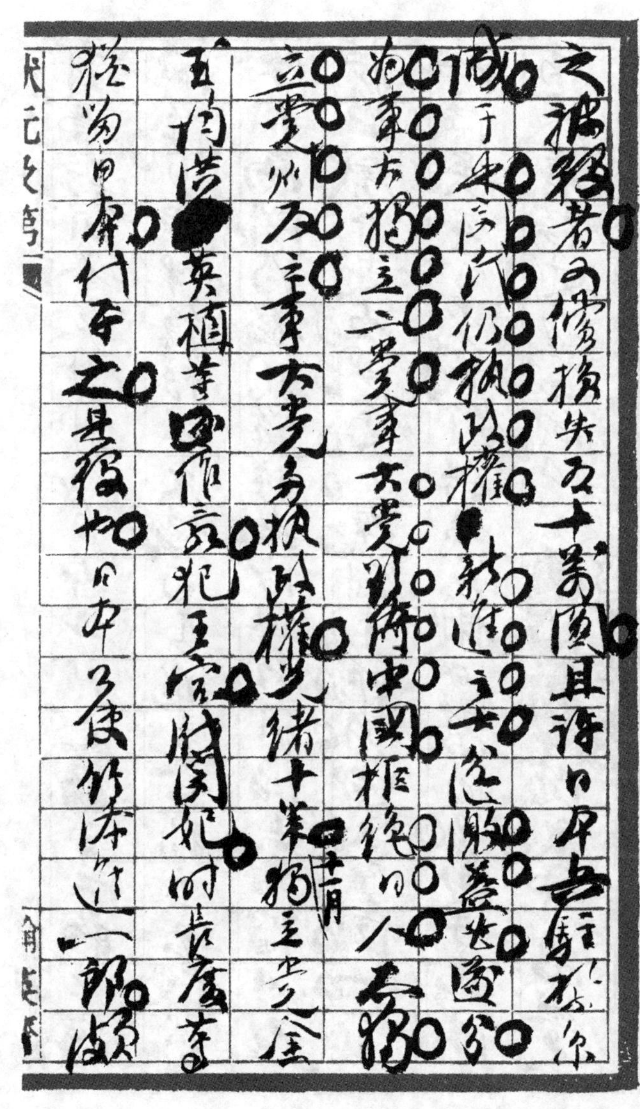

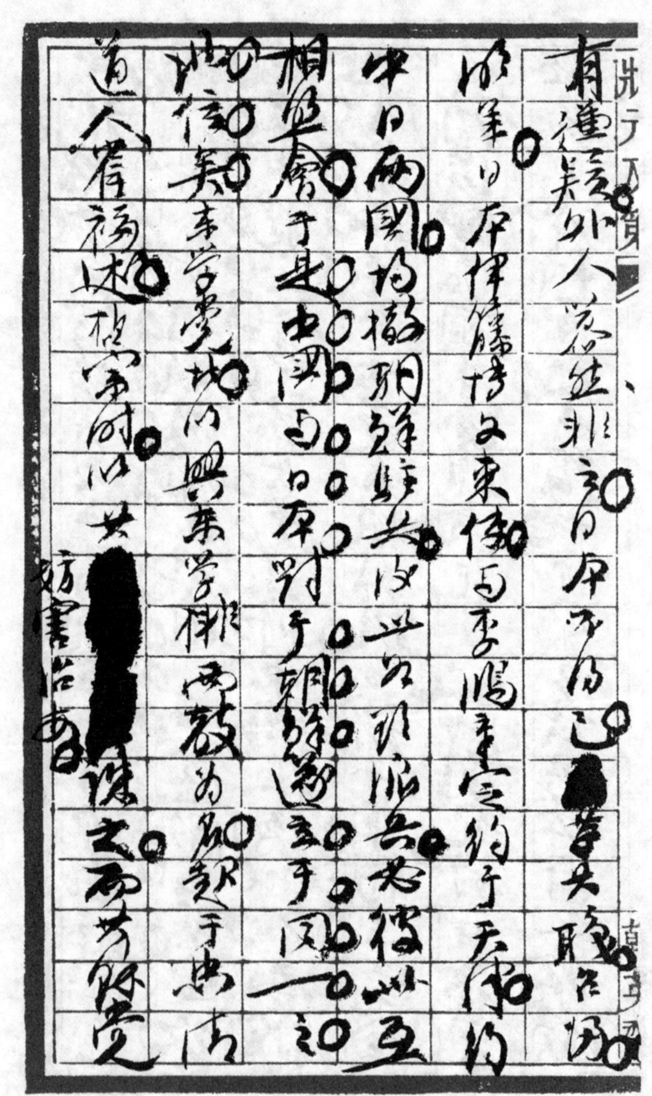

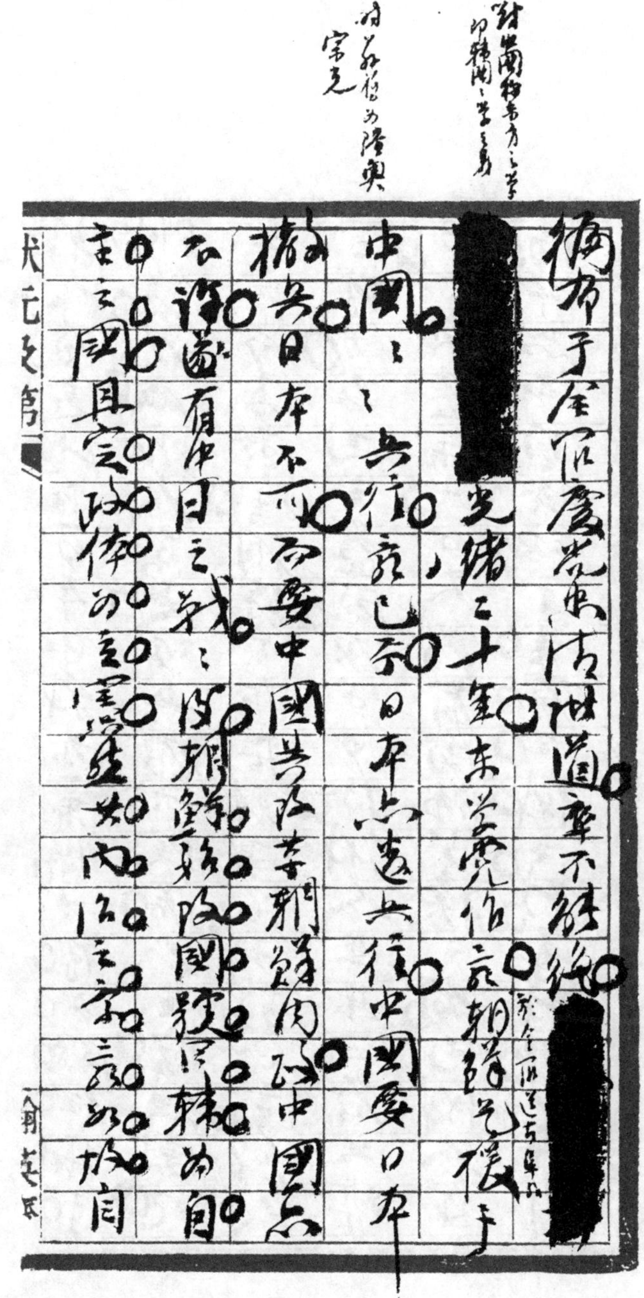

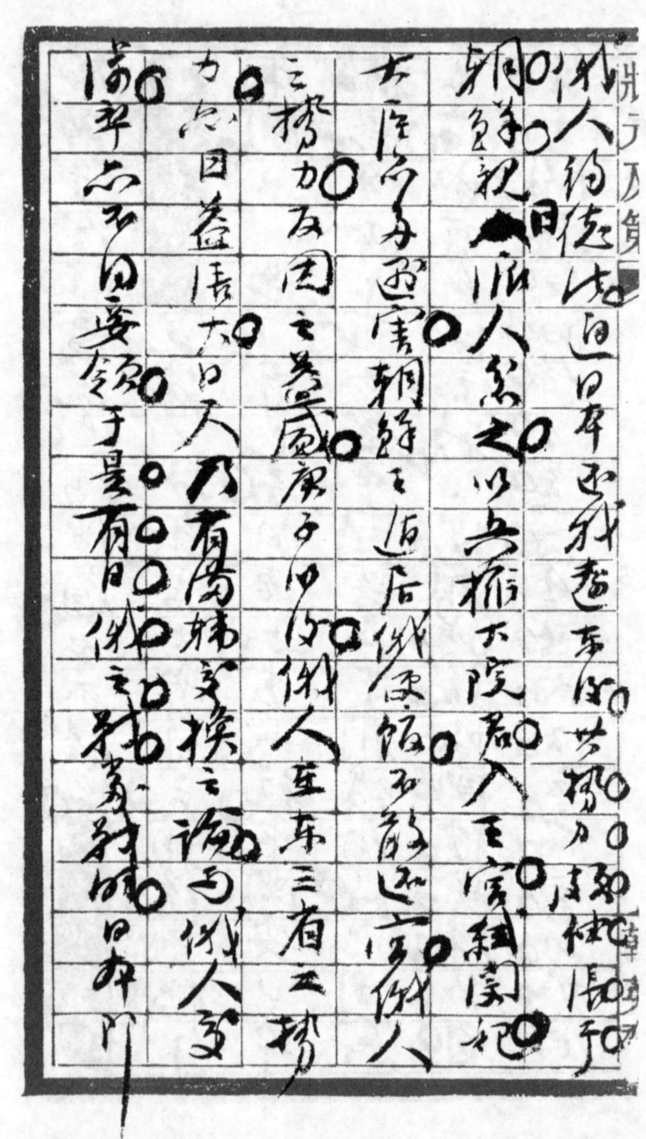

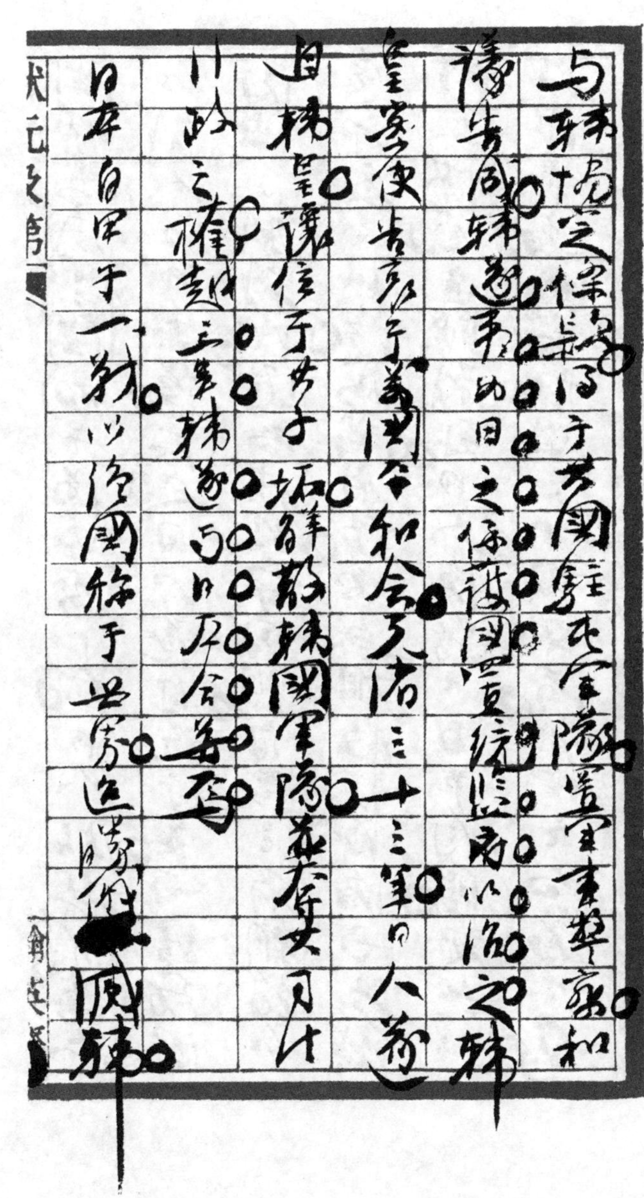

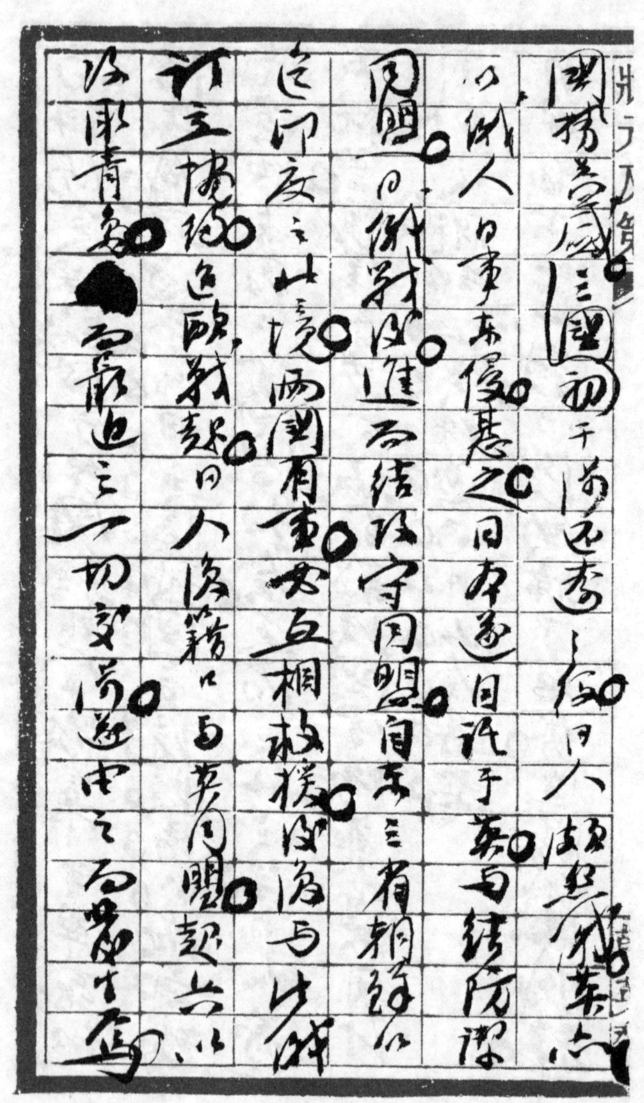

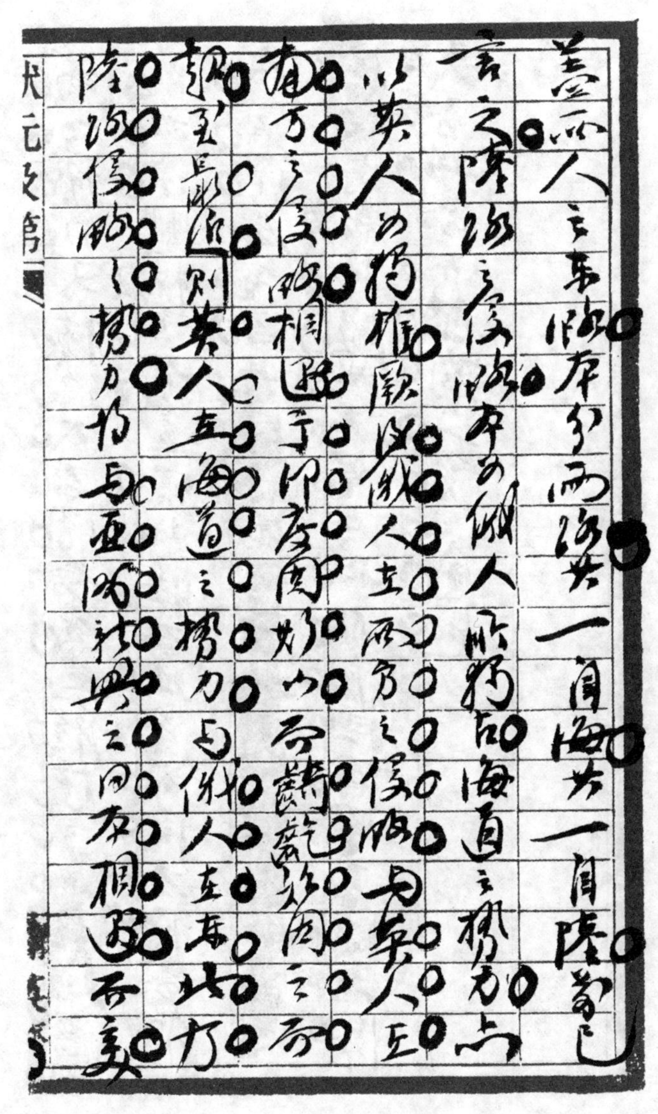

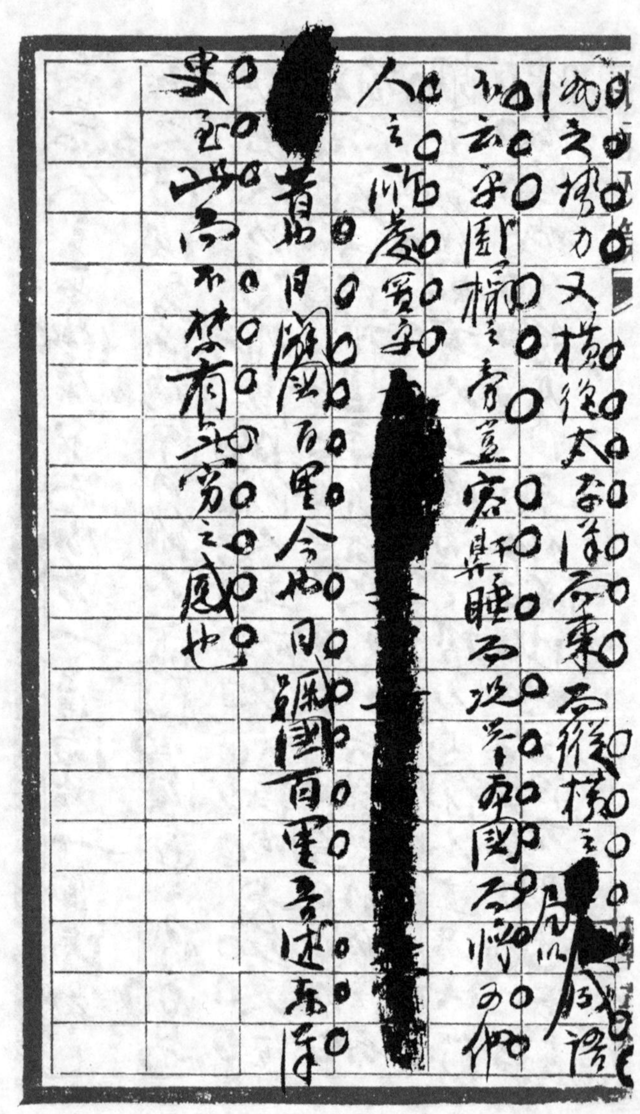

四裔

毛民

出搜注共十

四裔

無緣

山經與丘水經注

禮記

壬午年六月

書記摘錄第二冊識小節

第十二帙

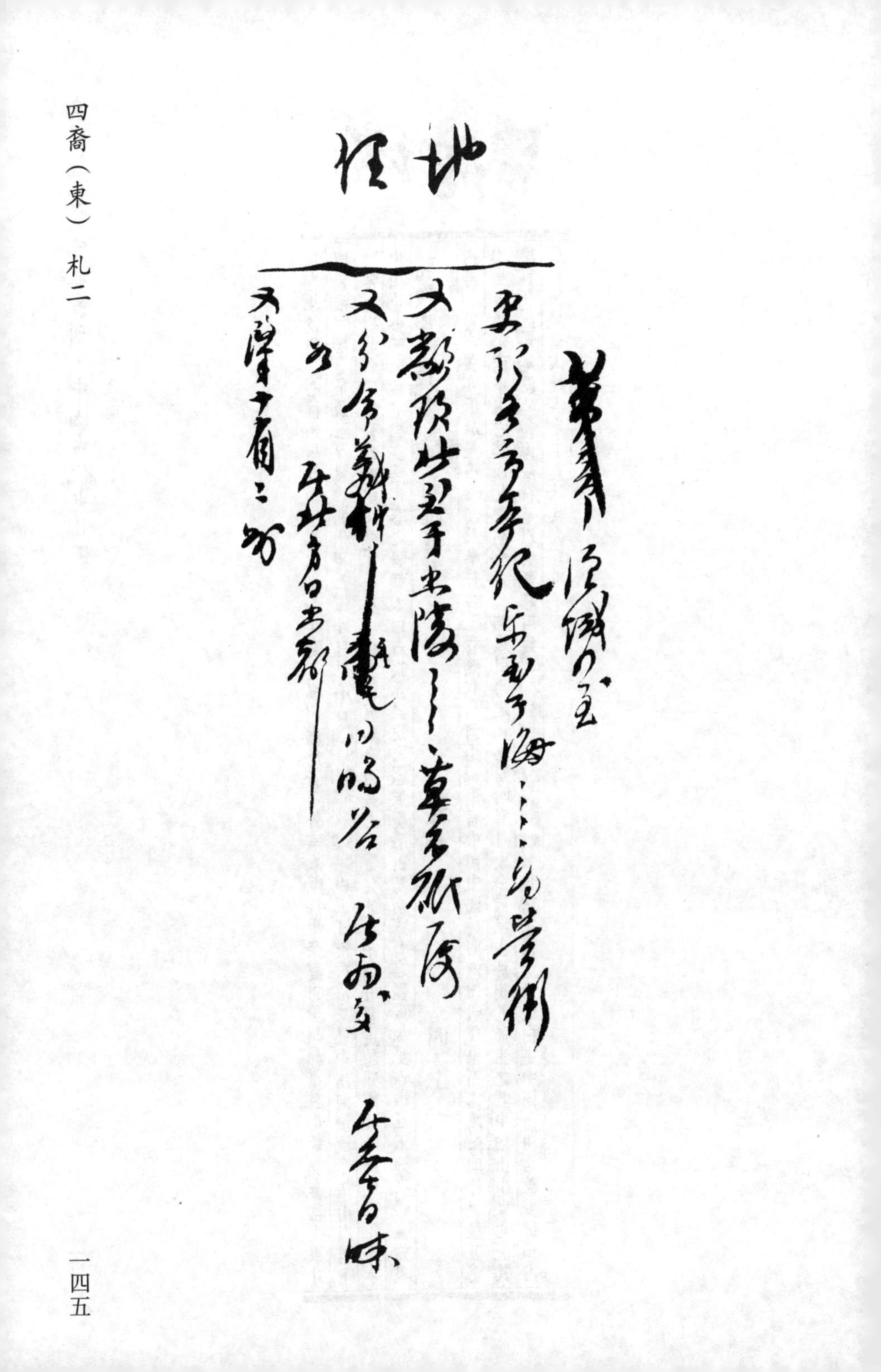

角亢氐沇州房心豫州尾箕幽州斗江湖牽牛婺女揚州虛危青州營室東壁并州奎婁胃徐州昴畢冀州觜觿參益州東井輿鬼雍州柳七星張三河翼軫荊州甲乙海外日月不占（晉灼曰海外遠甲乙日時不以占之）丙丁江淮海岱戊巳中州河濟庚辛華山以西壬癸常山以北一曰甲齊乙東夷丙楚丁南夷戊魏巳韓庚秦辛西夷壬燕趙癸北夷子周丑翟寅趙卯鄭辰邯鄲巳衞午秦未中山申齊酉魯戌吳越亥燕代秦之疆候太白占狼弧吳楚之疆候熒惑占鳥衡燕齊之疆候辰星占虛危宋鄭之疆候歲星

乾隆四年校刊　　前漢書卷二十六　　天文志　　四十六

占房心晉之疆亦候辰星占參罰及秦幷吞三晉燕代自河山以南者中國中國於四海內則在東南爲陽陽則日歲星熒惑填星占於街南畢主之其西北則胡貉月氏旃裘引弓之民爲陰陰則月太白辰星占於街北昴主之故中國山川東北流其維首在隴蜀尾没於勃海碣石是以秦晉好用兵（孟康曰秦晉西南維之北爲陰與胡貉引弓之民同故好用兵）復占太白太白主中國而胡貉數侵掠獨占辰星辰星出入趮疾常主夷狄其大經也

地理

〇秋蔡人衛人陳人從王伐鄭王親自伐鄭〇從才用反又如字下同疏注王親自伐鄭〇釋云以舉從者之辭嫌非自伐故云親自伐鄭舉從者之辭也使若王命諸侯伐鄭書從王命者三國也疏舉從者之辭也釋曰麋信曰舉從者之辭謂解經稱人也徐邈云舉從者之辭謂王不能以威致三國三國自以義從耳范以二者不通故爲別解言舉從者之辭謂若王不親伐直舉三國從王命之辭也故下句云其舉從者之辭何也爲天王諱伐鄭是也其舉從者之辭何也爲天王諱伐鄭也諱自伐鄭〇爲于僞反鄭同姓之國也在乎冀州於是不服爲天子病矣鄭姬姓之國冀州則近京師親近猶不能服則疏遠者可知〇冀州案鄭本京兆鄭縣是雍州之域後從河南新鄭爲豫州之境冀在兩河之間非鄭都也冀州言去京師近也麋氏云韓侯滅鄭韓都冀州故以目鄭近附近之近疏在乎冀州〇釋曰徐邈云新鄭屬冀州案爾雅兩河間曰冀州新鄭在河南不得屬冀州是徐之妄也麋信云鄭在冀州者韓哀侯滅鄭遂都之韓故晉也傳以當時言之遂云冀州然則王伐鄭之時本未有韓國何得將後代之事以爲周世之名若以韓侯從冀州都鄭則曰冀州大伯從雍州適吳豈得謂吳爲雍州也是麋信之謬矣蓋冀州者天下之中州自唐虞及夏殷皆都焉則冀州是天子之常居以鄭近王畿故舉冀州以爲說故鄒衍著書云九州之內名曰赤縣赤縣之畿從冀州而起故後王雖不都冀州亦得以冀州言之

十三經注疏 穀梁二 桓公五年至七年 十

穀桓五

天子之居皆稱冀州——勉案據後

閻氏居以冀爲子之常居何出耶

山川

五嶽 三塗 陽城 荊山 中南

自晉有三不殆，其何敵之有。殆危也○殆直改反 國險而多馬，齊楚多難，多篡弒之難○篡初患反弒申志反 有是三者，何鄉而不濟？對曰：恃險與馬，而虞鄰國之難，是三殆也。四嶽東嶽岱西嶽華南嶽衡北嶽恒○鄉許亮反本又作嚮嶽音岳岱音代在兗州華如字又胡化反在雍州衡如字在荊州恒如字或作常在冀州案作恒者是也北嶽本名恒山漢爲文帝諱改作常耳 疏 四嶽○正義曰：釋山云：河南華，河東岱，河北恒，江南衡。李巡曰：華，西嶽華山也；岱，東嶽泰山也；恒，北嶽恒山也；衡，南嶽衡山也。釋例土地名云：東岳泰山，奉高縣泰山也；南岳長沙湘南縣衡山也；西岳弘農華陰縣西南華山也；北岳中山曲陽縣西北恒山也。郭璞注：恒山名常山，辟漢文帝諱耳。爾雅於釋山發首言此四山，明其郎是四嶽，故注者皆以嶽解之。且諸書史傳讖緯皆以岱、衡、華、恒爲四嶽，四嶽必是此四山也。釋山又云：泰山爲東嶽，華山爲西嶽，霍山爲南岳，恒山爲北嶽。岱、泰，衡、霍，二文不同者，此二嶽者皆一山而二名也。白虎通云：嶽者何？嶽之爲言桷也，桷功德也。應劭風俗通云：嶽，桷也，桷考功德黜陟也。然則四方方有一山，天子巡狩至其下，桷考諸侯功德而黜陟之，故謂之嶽也。風俗通又云：泰山，山之尊者，一曰岱宗。岱，始也；宗，長也。萬物之始，陰陽交代，故爲五嶽長，王者受命恒封禪之。衡山一名霍山，言萬物霍然大也。華，變也，萬物成變由於西方也。恒，常也，萬物伏北方有常也。是解衡之與霍、泰之與岱皆一山有二名也。張揖云：天柱謂之靈山。漢書地理志云：天柱在盧江灊縣。風俗通亦云：靈山廟在盧江灊縣。如彼所云，則霍山在江北，而得與江南衡山爲一者，本江南衡山一名霍山，漢武帝移嶽神於天柱，又名天柱爲霍山，故漢魏以來衡霍別耳。郭璞注爾雅云：霍山今盧江灊縣，灊水出焉，別名天柱山。漢武帝以衡山遼曠，故移其神於此，今其土俗人皆呼之爲南嶽。嶽本自以兩山爲名，非從近來也。而學者多以霍山不得爲南嶽，又云從漢武帝來始有名，即如此言，爲武帝在爾雅之前乎？斯不然也。是解衡、霍二名之山也。書傳多云五岳，此傳云四嶽者，中岳嵩高即大室是也，下別言之，故此云四岳也。三塗，在河南陸渾縣南○三塗山名大行轘轅崤澠也渾戶昏反又戶困反 疏 三塗○正義曰：服虔云：三塗，大行、轘轅、崤澠也。謂三塗爲三處道也。杜云在河南陸渾縣南，則以三塗爲一。釋例土地名云：三塗，河南陸渾縣南山名。或曰三塗，伊闕、大谷、轘轅三道也。傳曰：晉將伐陸渾，而先有事於洛與三塗，先祭山川也。謂三道皆非也。是杜據彼十七年傳文，知三塗是山，非三道也。陽城，在陽城縣東北 疏 陽城○正義曰：陽城，山名也。土地名云：河南陽城縣東北山，潁水所出也。大室，在河南陽城縣西北○太室音泰下文大室同大室即中嶽嵩高山也在豫州 疏 大室○正義曰：大室即嵩高也。釋山云：嵩高爲中岳。郭璞云：大室山也，別名外方，今在河南陽城縣西北。土地名云：大室，河南陽城縣西嵩高山，中嶽也。地理志云：武帝置嵩高縣，以奉大室之山，是爲中嶽。又有少室在大室之西也。荊山，在新城沶鄉縣南○沶音市又音爾漢書音義音穉或一音隸則當水旁作示恐非本或作溓字誤也 中南，在始平武功縣南 九州之險也，是不一姓。雖是天下至險無德則滅亡

地理

九州

見犯至於近邑是也○秋九月荆敗蔡師于莘以蔡侯獻舞歸荆者何州名也州謂九州冀兗青徐揚荆豫梁雍○莘所巾反雍於用反

疏荆者何○解云欲言是國由來未有欲言非國而敗蔡師故執不知問○注州謂至梁雍○解云案禹貢冀州既載鄭注云載之言事事謂作徒役也兩河間曰冀州不書其界者時帝都之使若廣大然濟河惟兗州鄭注云兗州之界在此兩河間海岱惟青州鄭注云今青州界自海至岱東岳曰岱山海岱及淮惟徐州鄭注云徐州界又南至淮水淮海惟揚州鄭注云揚州界自淮而南至海以東也荆及衡陽惟荆州鄭注云荆州界自荆山南至衡山之南荆河惟豫州鄭注云豫州界自荆山而北至河華陽黑水惟梁州鄭注云梁州界自華山之南至于黑水也黑水西河惟雍州鄭注云雍州界至黑水而東至西河也然則何氏此注九州之名及次第皆依禹貢之州界不敢依職方與爾雅何者正以禹貢爲正典故也案爾雅釋地云兩河間曰冀州李巡云兩河間其氣性相近故曰冀州冀近也河南曰豫州孫氏郭氏皆云自東河至西河之南曰豫州李巡曰河南其氣著密厥性安舒故曰豫豫舒也河西曰雝州李氏云其氣蔽壅受性急凶故曰雝雝壅塞也漢南曰荆州其氣慘剛稟性強梁故曰荆荆强也江南曰揚州李氏云江南其氣慘勁厥性輕揚故曰揚州也孫氏郭氏曰自江至南海也濟河間曰兗州李氏云濟河間其氣專質厥性信謹故曰兗兗信也燕曰幽州李氏云燕其意氣慇厥性禀疾故曰幽幽惡也孫氏郭氏曰自易水至北狄也齊曰營州李氏曰齊其氣清舒受性平均故曰營營平也今爲青州孫氏郭氏曰自岱東至海濟東曰徐州李氏曰濟東至海其氣寬舒稟性安徐徐舒也孫氏郭氏曰濟東至海

莊十

也然則爾雅九州有幽營無梁青蓋是殷制故與禹貢不同案今禹貢則有梁青無幽營蓋是夏之法矣其舜改九州而置十二者則幽并及營是案周禮職方氏云東南曰揚州正南曰荆州河南曰豫州正東曰青州河東曰兗州正西曰雍州東北曰幽州河内曰冀州正北曰并州然則周禮有青幽并也若對爾雅則長青并無徐營若對禹貢則長幽并無徐梁矣但職方周法何氏不取故此注不依之耳州不若國國不若氏氏不若人人不若名名不若字皆取精詳錄也疏州不若國○解云言荆不如言楚○國不若氏○解云言楚不如言潞氏甲氏○氏不若人解云言潞氏不如言楚人○人不若名○解云言楚人不如言介葛盧○名不若字○解云言介葛盧不如言邾婁儀父○注皆取精詳錄也○解云正以貴重爲詳錄輕賤爲略之也字不若子子爵最尊春秋假行事以見王法聖人爲文辭孫順善善惡惡不可正言其罪因周本有奪爵稱國氏人名字之科故加州文備七等以進退之若自記事者書人姓名主人習其讀而問其傳則未知已之有罪焉爾猶此類也○見賢徧反孫音遜惡惡並如字一讀上烏路反傳有專反疏字不若子○解云言邾婁儀父不如言楚子吳子○注春秋至王法○解云即孔子曰我欲託諸空言不如載諸行事是也○注善善至其罪○解云若其善善可正言其美但以惡惡不可正言其罪若正言其罪則非孫順之義故此何氏偏以其罪言之若其備文宜云不

可正言其善惡矣○注因周至之科○解云即隱元年注邾婁儀父云稱字所以得爲褒者春秋前失爵在名例之屬是也○注故加州至姓名○解云所以必備七等之法者正以北斗七星主賞罰示法春秋者賞罰之書故則之故說題辭曰北斗七星有政春秋亦以七等宣化運斗樞曰春秋設七等之文以貶絶錄行應斗屈伸是也○注主人至焉爾○解云定元年傳文彼注云此假設而言之主人謂定哀也習其經而讀之問其傳解詁則未知已之有罪於是是也蔡侯獻舞何以名據獲晉侯不名疏注據獲晉侯不名○解云僖十五年晉侯及秦伯戰于韓獲晉侯是也絶曷爲絶之據晉侯不名絶疏絶○解云禮諸侯不生名則書名者絶之不以爲諸侯也獲也獲得也戰而爲敵所得獻舞不言獲故名以起之曷爲不言其獲據晉侯言獲也不與夷狄之獲中國也與凡伯同義夷狄謂楚不言楚言荆者楚彊而近中國卒暴責之則恐爲害深故進之以漸從此七等之極治也○近附近之近卒七忽反疏不與至中國也○解云秦亦夷狄而得獲晉侯者非真故也是以爵得稱伯居舊土耳○注與凡伯同義○解云即隱七年注云中國者禮義之國也執者治文也君子不使無禮義制治有禮義故絶不言執正之言伐也所以降夷狄尊天子爲順辭然則此亦獲者治文君子不使無禮義制治有禮義故絶不言獲正之所以降夷狄尊中國爲順辭矣故云與凡伯同義然則彼已有傳此復發之者彼是天子大夫此則諸侯嫌其異故同之○注夷狄至極始也○解云注言此者欲道楚屬荆州吳屬揚州所以抑楚言荆不抑吳言揚者正以楚近中國恐爲中國之害故欲進之以漸先從卑稱進之若先得貴名而後退之則恐害於諸夏故也運斗樞曰抑楚言荆不使夷狄主中國者義亦通於此戴氏云荆楚一物義能相發異揚異訓故不得州名也者與何氏異穀梁傳曰荆者楚也何爲謂之荆狄之也何爲狄之聖人立必後至天子弱必先叛故曰荆狄之○也與此異不得合也

地理 度數

○方一里者爲田九百畝一里方三百步方十里者爲方一里者百爲田九萬畝方百里者爲方十里者百爲田九十億畝億今十萬億於力反。方千里者爲方百里者百爲田九萬億畝萬億今萬萬也

疏「方一」至「億畝」。正義曰此一節論開方之法總計天子畿内諸侯之地大小各依文解之。方一里者爲田九百畝按論語云步百爲畝是長一百步闊一步畝百爲夫是一頃也長闊一百步夫三爲屋是三頃也闊二百步長一百步屋三爲井是九百畝也長闊一里。注億今十萬。正義曰方十里爲田九萬畝方百里者爲方十里者百一箇十里之方既爲田九萬畝則十箇十里之方爲田九十萬畝一百箇十里之方爲田九百萬畝今云九十億畝是一億有十萬十億有一百萬九十億爲九百萬畝故云億今十萬尹文子云百姓千品萬官億醜皆以數相十此謂小億也此鄭氏所用毛詩傳云數萬至萬曰億是大億也非鄭義。注萬億今萬萬也。正義曰計千里之方爲方百里者百一箇百里之方既爲九十億畝則十箇百里方爲九百億畝百箇百里方爲九千億畝今乃云九萬億畝與數不同者若以億言之當云九千億畝

若以萬言之當云九萬萬畝但書經戰國及秦之世經籍錯亂此經上下或億或萬字相交涉遂誤爲萬億鄭未注之前書本既爾鄭更不顯言其錯因此錯本萬億之言即云此經萬億者即今之萬萬皇氏以爲億數不定或以十萬爲億或以萬萬爲億或以一萬爲億此云萬億者秖是萬萬也六國時或將萬爲億故云萬億但古事難委未知孰是故備存焉○自恒山至於南河千里而近冀州自南河至於江千里而近豫州自江至於衡山千里而遥荆州自東河至於東海千里而遥徐州自東河至於西河千里而近冀州自西河至於流沙千里而遥雍州遥於招反○西不盡流沙南不盡衡山東不近東海北不盡恒山凡四海之内斷長補短方三千里爲田八十萬億一萬億畝九州之大計○斷音短方百里者爲田九十億畝山陵林麓川澤溝瀆城郭宮室塗巷三分去一其餘六十億畝以一大國爲率其餘所以授民也山足曰麓○去羌呂反率音律又音選

疏自恒至億畝○正義曰此一節論四海之内地遠近里數也言千里而近者皇氏云此恒山至南河以千里言之其地稍近言不滿千里下云自江至於衡山千里而遥謂以千里言之其地稍遠言不啻千里熊氏以爲近者謂過千里遥者謂不滿千里其義似非也其餘遥近皆放此也○爲田八十萬億一萬億畝以一州方千里九州方三千里三三如九爲方千里者有九一箇千里有九萬億畝九箇千里九九八十一故有八十一萬億畝但記文詳具於八十整數之下云萬億是八十箇萬億又云一萬億言是詳也以前文誤爲萬億此則因前文之誤更以萬億言之○古者以周尺八尺爲步今以周尺六尺四寸爲步古者百畝當今東田百四十六畝三十步古者百里當今百二十一里六十步四尺二寸二分周尺之數未詳聞也按禮制周猶以十寸爲尺蓋六國時多變亂法度或言周尺八寸則步更爲八八六十四寸以此計之古者百畝當今百

五十六畝二十五步古者百里當今百二十五里

疏古者至二分○正義曰古者八寸爲尺今以周尺八尺爲步則一步有六尺四寸今以周尺六尺四寸爲步則一步有五十二寸是今步比古步每步剩出一十二寸以此計之則古者百畝當今東田百五十二畝七十一步有餘與此百四十六畝三十步不相應也又今步每步剩古步十二寸以此計之則古之百里當今百二十三里一百一十五步二十寸與此經百二十一里六十步四尺二寸二分又不相應故鄭云六國時多變亂法度經云錯亂不可用也○注按禮至五里○正義曰玉人職云鎮圭尺有二寸又云桓圭九寸是周猶以十寸爲尺也今經文以周尺六尺四寸爲步乃是六十四寸則謂周八寸爲尺也故云蓋六國時多變亂法度或言周尺八寸也鄭即以古周尺十寸爲尺八尺爲步則步八十寸鄭又以今周尺八寸爲尺八尺爲步則今步皆少於古步一十六寸也是今步別剩寸六寸云以此計之者謂以古步又以今周尺八寸八尺爲步外剩十六寸而計之則古之四步剩出今之一步古之四十步爲今之五十步古之八十步爲今之一百步計古之一畝之田長百步得爲今田一百二十五步是今田每一畝之上剩出二十五步則方百畝之田從北嚮南每畝剩二十五步摠爲二千五百步從東嚮西每

畝二十五步亦摠爲二千五百步相併爲五千步是摠爲五十畝又西南一角南北長二十五步應南畔所剩之度東西亦長二十五步應西畔所剩之度許方二十五步開方乘之摠積得六百二十五步六百步則爲六畝餘有二十五步故云古者百畝當今百五十六畝二十五步也又古四步剩今一步則古者四里剩今一里爲五里則古者四十里剩今十里爲五十里則古者八十里剩今二十里摠爲百里是古者八十里爲今百里今之百里之外猶有古之二十里四里剩一里其古二十里爲今之二十五里故云古者百里當今百二十五里

出門

古以民本主義時期

溥天之下莫非王土率土之濱莫非王臣溥大率循濱涯也箋云此言王之土地廣矣王之臣又衆矣何求而不得何使而不行。溥音普濱音賓涯魚佳反字又作崖大夫不均我從事獨賢賢勞也箋云王不均大夫之使而專以我有賢才之故獨使我從事於役自苦之辭疏傳溥大也濱涯。正義曰溥大釋詁文釋水云滸水涯孫炎曰涯水邊說文云浦水濱廣雅云浦涯然則滸濱涯浦皆水畔之地同物而異名也詩意言民之所居民居不盡近水而以濱爲言者古先聖人謂中國爲九州者以水中可居曰洲言民居之外皆有水也鄒子曰中國名赤縣赤縣內自有九州禹之序九州是也其外有瀛海環之是地之四畔皆至水也濱是四畔近水之處言率土之濱舉其四方所至之內見其廣也作者言王道之衰傷境界之削則云蹙國百里蹙蹙靡所騁恨其有人衆而不使卽以廣大言之所怨情異故設辭不同王不均大夫之使不過朝廷而普及天下者明其衆也。傳賢勞。正義曰以此大夫怨已勞於事故以賢爲勞箋以賢字自道故易傳言王專以我有賢才之故乎何故獨使我也王肅難云王以己有賢才之故而自苦自怨非大臣之節斯不然矣此大夫怨王偏役於己非王實知其賢也王若實知其賢則當任以尊官不應勞以苦役此從事獨賢猶下云嘉我未老鮮我方將恨而間王之辭非王實知其賢也。

地理

尧时青州有遼东

海岱惟青州東北據海西南距岱○岱音代泰山也

疏青州○傳東北至距岱○正義曰海非可越而言據者東萊東境之縣浮海入海曲之間青州之境非至海畔而已故言據也漢末有公孫度者竊據遼東自號青州刺史越海收東萊諸郡堯時青州當越海而有遼東也舜爲十二州分青州爲營州營州即遼東也

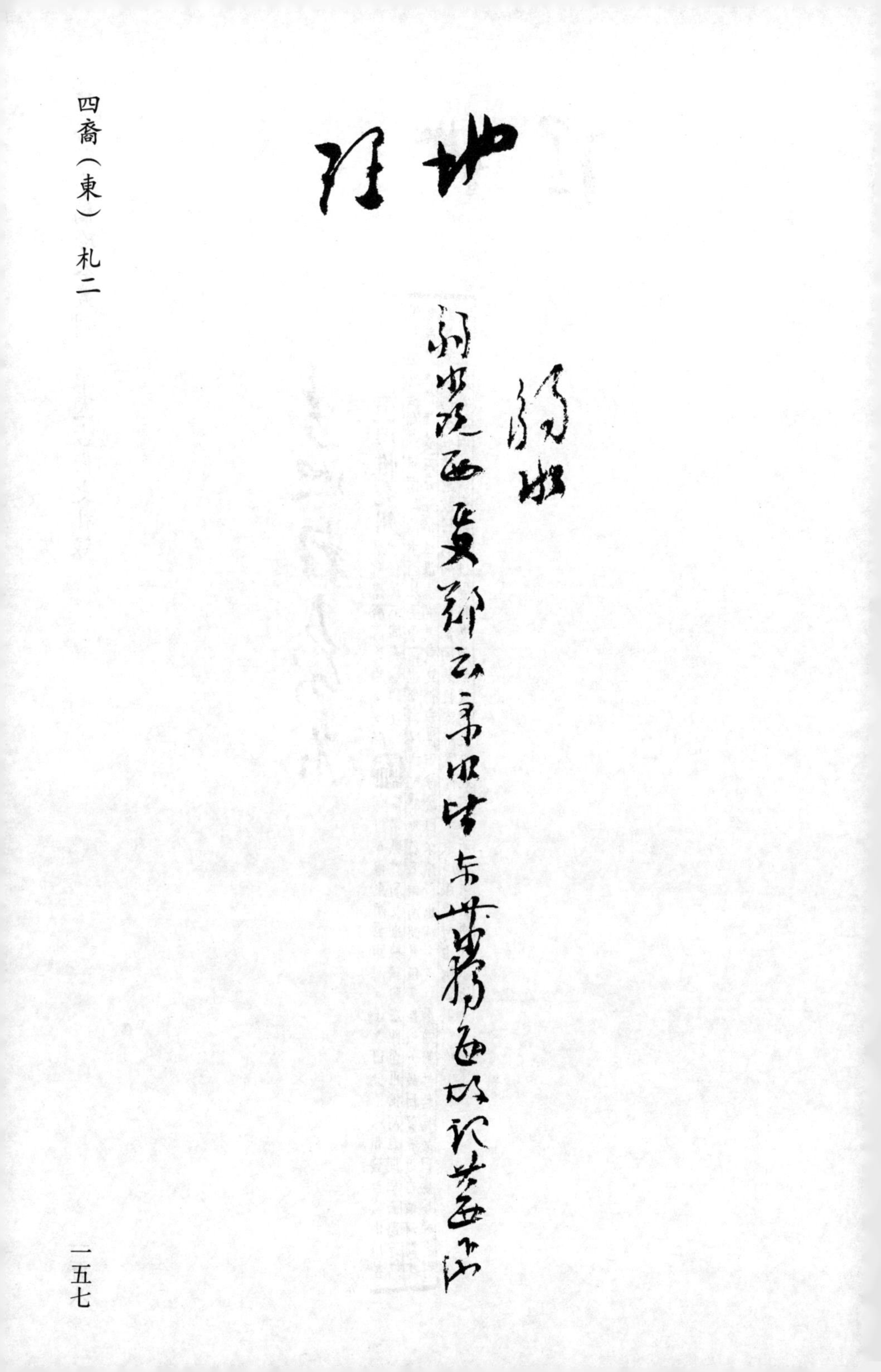

[illegible]

青也釋州國篇

濟河惟兗州東南據濟西北距河。濟子禮反下同兗悅轉反

疏兗州。傳東南至距河。正義曰此下八州發首言山川者皆謂境界所及也據謂跨之距至也濟河之間相去路近兗州之境跨濟而過東南越濟水西北至東河也李巡注爾雅釋州名云兩河間其氣清性相近故曰冀冀近也濟河間其氣專體性信謙故云兗兗信也淮海間其氣寬舒稟性安徐故曰徐徐舒也江南其氣燥勁厥性輕揚故曰揚揚輕也荊州其氣燥剛稟性彊梁故曰荊荊彊也河南其性安舒厥性寬豫故曰豫豫舒也河西其氣蔽壅受性急凶故云雍雍壅也爾雅九州無梁青故李巡不釋所言未必得其本也

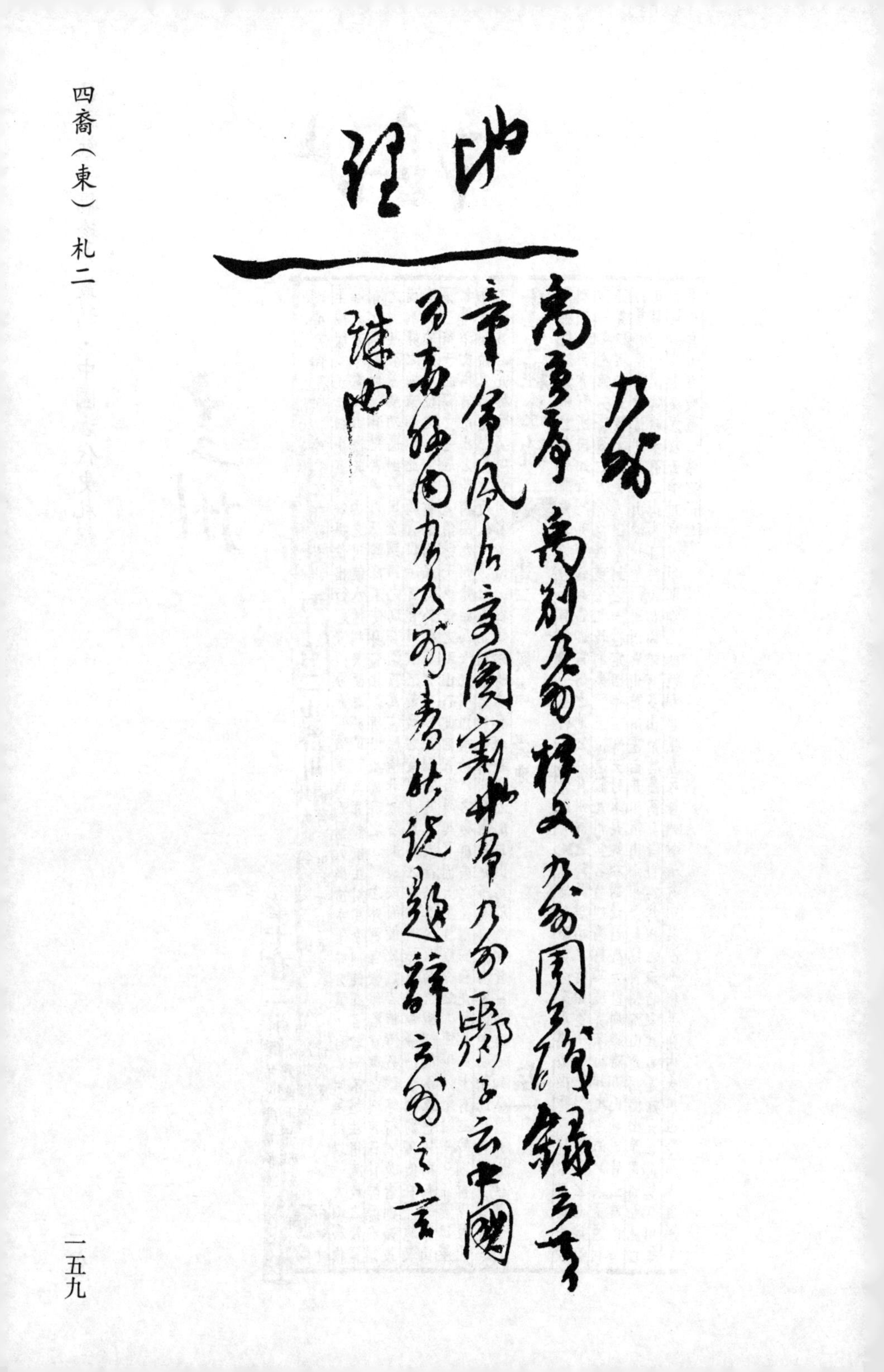

十二州

肇十有二州傳肇始也禹治水之後舜分冀州爲幽州并州分青州爲營州

疏肇十

州始置十二州。肇音兆。十有二州謂冀兖青徐荆楊豫梁雍并幽營也

封十有二山濬川封大也每州之名山殊大者以爲其州之鎮有流川則深之使通利。濬荀俊反

至咸服。正義曰史言舜既攝位出行巡守復分置州域重愼刑罰於禹治水後始分置十有二州每州以一大山爲鎮殊大者十有二山深其州內之川使水通利又留意於民詳其罪罰依法用其常刑使罪各當刑不越法用流放之法寬宥五刑五刑雖有犯者或以恩減降不使身服其罪所以流放宥之五刑之外更有鞭作治官事之刑有扑作師儒教訓之刑其有意善功惡則令出金贖罪之刑若過誤爲害原情非故者則緩縱而赦放之若怙恃姦詐終行不改者則賊殺而刑罪之舜愼刑如此又設言以誡百官曰敬之哉敬之哉惟此刑罰之事最須憂念之哉令勤念刑罰不使枉濫也又言舜非於攝位之後方始重愼刑罪初於登用之日卽用刑當其罪流徙共工於北裔之幽州放逐驩兜於南裔之崇山竄三苗于西裔之三危誅殛伯鯀于東裔之羽山行此四罪各得其實而天下皆服從之。傳肇始至二州。正義曰肇始釋詁文禹貢治水之時猶爲九州今始爲十二州知禹治水之後也禹之治水通鯀九載爲作十有三載則舜攝位元年九州始畢當是二年之後以境界太遠始别置之知分冀州爲幽州并州者以王者廢置理必相沿周禮職方氏九州之名有幽并無徐梁周立州名必因於古知舜時當有幽并職方幽并山川於禹貢皆冀州之域知分冀州之域爲之也

十三經注疏 書二 虞書 舜典 十五

爾雅釋地九州之名於禹貢無梁青而有幽營云燕曰幽州齊曰營州孫炎以爾雅之文與職方禹貢並皆不同疑是殷制則營州亦有所因知舜時亦有營州齊卽青州之地知分青州爲之於此居攝之時始置十有二州蓋終舜之世常然宜三年左傳云昔夏之方有德也貢金九牧則禹登王位還置九州其名蓋如禹貢其境界不可知也。傳封大至通利正義曰釋詁云冢大也舍人曰冢封之大也定四年左傳云封豕長蛇相對是封爲大也周禮職方氏每州皆云其山鎮曰某山揚州會稽荆州衡山豫州華山雍州嶽山冀州霍山并州恒山幽州醫無閭青州沂山兖州岱山是周時九州之內最大之山舜時十有二山事亦然也州內雖有多山取其最高大者以爲其州之鎮特舉其名是殊大之也其有川無大無小皆當深之故云濬川有流川則深之使通利也職方氏每州皆云其川其浸亦舉其州內大川但令小大俱通不復舉其大者故直云濬之而已

傳南岳至月至。正義曰釋山云河南華河東岱河北恒江南衡李巡云華西岳華山也岱東岳泰山也恒北岳恒山也衡南岳衡山也郭璞云恒山一名常山避漢文帝諱釋山又云泰山爲東岳華山爲西岳霍山爲南岳恒山爲北岳岱之與泰衡之與霍皆一山而有兩名也張揖云天柱謂之霍山漢書地理志云天柱在廬江灊縣則霍山在江北而與江南衡爲一者郭璞爾雅注云霍山今在廬江灊縣潛水出焉別名天柱山漢武帝以衡山遼曠故移其神於此今其彼土俗人皆呼之爲南岳南岳本自以兩山爲名非從近來也而學者多以霍山不得爲南岳又云漢武帝來始乃名之即如此言謂武帝在爾雅前乎斯不然矣是解衡霍二名之由也書傳多云五岳以嵩高爲中岳此云四岳者明巡守至於四岳故也風俗通云泰山山之尊者一曰岱宗岱始也宗長也萬物之始陰陽交代故爲五岳之長王者受命恒封禪之衡山一名霍山言萬物霍然大也華變也萬物變由西方也恒常也萬物伏北方有常也二月至於岱宗不指岳名者巡守之始故詳其文三時言岳名明岱亦是岳因事宜而互相見也

地理

九州

鄒衍蓋亦以〻禹域州也其書何始乎九州

勉案鄒衍九州之九州非無據禹貢之九州也

戰國世已有治水之事者

故禹亦稱平水土歟

[illegible]

九兩 十二兩

庫平十足二兩 [illegible]

[illegible]

[illegible]

二兩

[illegible]

[illegible]

[illegible]

地理

經無五岳

考四極之名古宫之嶽三字

求顏史記封禪書——叢書七

地理

後漢書卷二十

天文志第十

天文上　王莽三　光武十二

易曰天垂象聖人則之庖犧氏之王天下仰則觀象於天俯則觀法於地觀象於天謂日月星辰觀法於地謂水土州分形成於下象見於上故曰天者北辰星合元垂耀建帝形運機授度張百精三階九列二十七大夫八十一元士斗衡太微攝提之屬百二十官二十八宿各布列下應十二子天地設位星辰之象備矣星經曰歲星主泰山徐州青州兗州熒惑主霍山揚州荊州交州鎮星主嵩高山豫州太白主華陰山涼州雍州益州辰星主恆山冀州幽州并州歲星主角亢氐房心尾箕熒惑主輿鬼柳七星張翼軫鎮星主東井太白主奎婁胃昴畢觜參辰星主斗牛女虛危室壁璇璣者謂北極星也玉衡者謂斗九星也玉衡第一星主徐州常以五子日候之甲子爲東海丙子爲琅邪戊子爲彭城庚子爲下邳壬子爲廣陵凡五郡第二星主益州常以五亥日候之乙亥爲漢中丁亥爲永昌己亥爲巴郡蜀郡牂牁辛亥爲廣漢癸亥爲犍爲凡七郡第三星主冀州常以五戌日候之甲戌爲魏郡勃海丙戌爲安平戊戌爲鉅鹿河間庚戌爲清河趙國壬戌爲恆山凡八郡第四星主荊州常以五卯日候之乙卯爲南陽己卯爲零陵辛卯爲桂陽癸卯爲長沙丁卯爲武陵凡五郡第五星主兗州常以五辰日候之甲辰爲東郡陳留丙辰爲濟北戊辰爲山陽泰山庚辰爲濟陰壬辰爲東平任城凡八郡第六星主揚州常以五巳日候之乙巳爲豫章辛巳爲丹陽己巳爲廬江丁巳爲吳郡會稽癸巳爲九江凡六郡第七星爲豫州常以五午日候之甲午爲潁川壬午爲梁國丙午爲汝南戊午爲沛國庚午爲魯國凡五郡第八星主幽州常以五寅日候之甲寅爲玄菟丙寅爲遼東遼西漁陽庚寅爲上谷代郡壬寅爲廣陽戊寅爲涿郡凡八郡第九星主并州常以五申日候之甲申爲五原鴈門丙申爲朔方雲中戊申爲西河庚申爲太原定襄壬申爲上黨凡八郡璇璣玉衡占色春青黃夏赤黃秋白黃冬黑黃此是常明不如此者所向國有兵殃起凡有六十郡九州所領自有分而名焉

乾隆四年校刊　後漢書卷二十　天文志　二十七

地理 漢卷 承

曰虞書舜典之辭也言居官者三年一考其功三考則退其幽闇無功者升其昭明有功者又曰九德咸事俊乂在官師古曰虞書咎繇謨之辭也言使九德之人皆用事俊桀治能之士並在位也九德謂寬而栗柔而立愿而恭亂而敬擾而毅直而溫簡而廉剛而塞彊而義未有功賞得於前眾賢布於官而不治者也堯遭洪水之災天下分絕為十二州制遠之道微孟康曰本九州洪水隔分更為十二州處所離遠相制之道微也師古曰十二州謂冀兗豫青徐荊揚雍梁幽并營也而無乖畔之難者德厚恩深無怨於下也秦居平土一夫大呼而海內崩析者師古曰呼音火故反刑罰深酷吏行殘賊也夫違天害德為上取怨於下莫甚乎殘賊之吏誠放退殘賊酷暴之吏錮廢勿用益選溫良上德之士以親萬姓師古曰親謂愛養之平刑釋冤以理民命師古曰釋解也務省繇役毋奪民時薄收賦稅毋殫民財師古曰殫盡也音單使天下黎元咸安家樂業不苦踰時之役師古曰古者行役不踰時時謂三月是為一時不患苛暴之政不疾酷烈之吏師古曰言免此疾患雖有唐堯之大災民無

地理

[illegible]紙の[illegible]

説文釋例十八冊 嶽下至十二乃八

[illegible]補正[illegible]

地理

北冥[illegible]南冥

莊子逍遙游「北冥有魚」又「是鳥也海運則將徙於南冥。南冥者天池也」又「窮髮之北有冥海者天池也」

又「湯之問棘也是已……窮髮之北……」且言南冥耳

楚辭……云又三十一上乘入標……

司馬云「冥，謂南北極也，去日月遠，故以溟為名也」

天運篇「北有冥山」大……北……南……不見冥山在……

冥山在朔州北，括地志……釋文「司馬云北海山名」史記蘇秦列

傳……注引司馬云「冥山在朔州北」與釋文異

地理

八荒之内有四海，四海之内有九州　大州之名

說苑辨物第三集

五嶽之長

又

五年之集

城臺

弟進九郎兩殿判與否少有所考究定

閩十一事

古代疆域

闢南以南部諸古族之一

南蠻附篇下

四一
吉名府通名衛、番女雖の様送、伝播計出之日衛附又
番除所引

山

——金鷄語曰嶽之名自古不改惟中岳隨帝

都遷遂之說未可據曰釋道

山林條兩列一

山[illegible]古霞文、西夏殘經釋文 [illegible]附

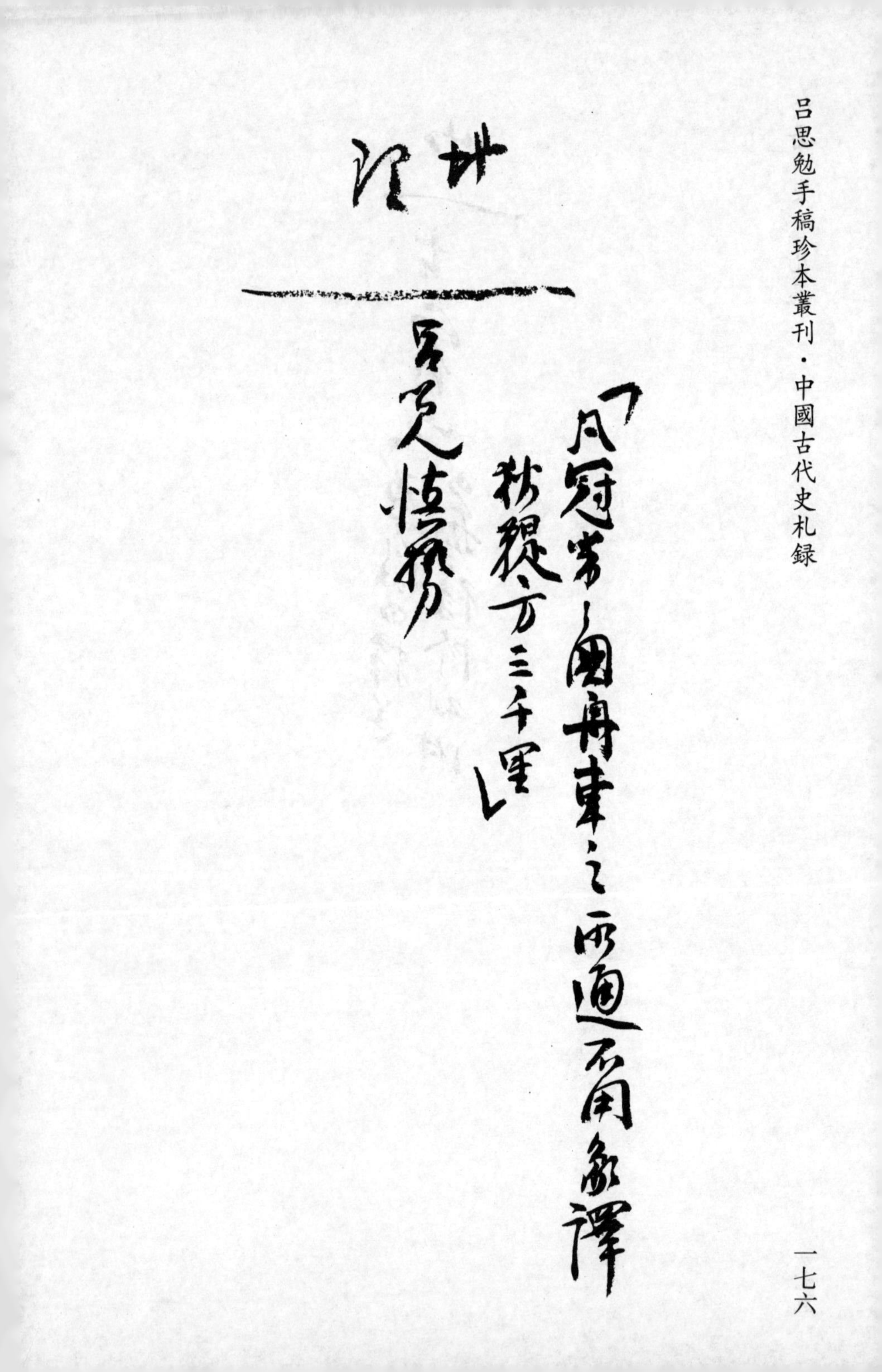

卅

「凡冠帶之國舟車之所通不用象譯狄鞮方三千里」

呂覽慎勢

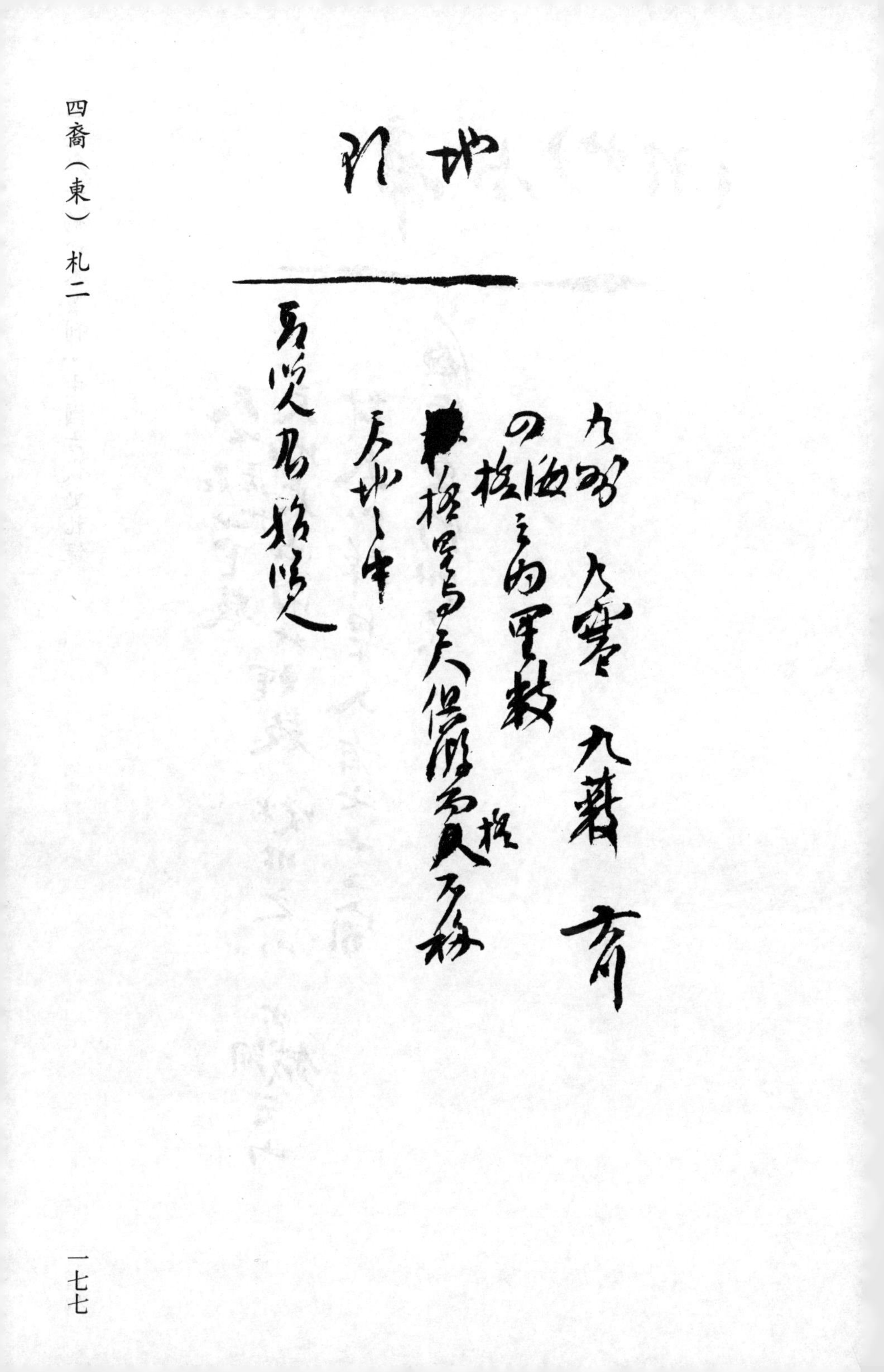

帝王（地理）

天下居地名山里數

天地東西南北里數　出受水之山　出銅鐵之山

封太山禪梁父者七十二家

山海經五臧山經

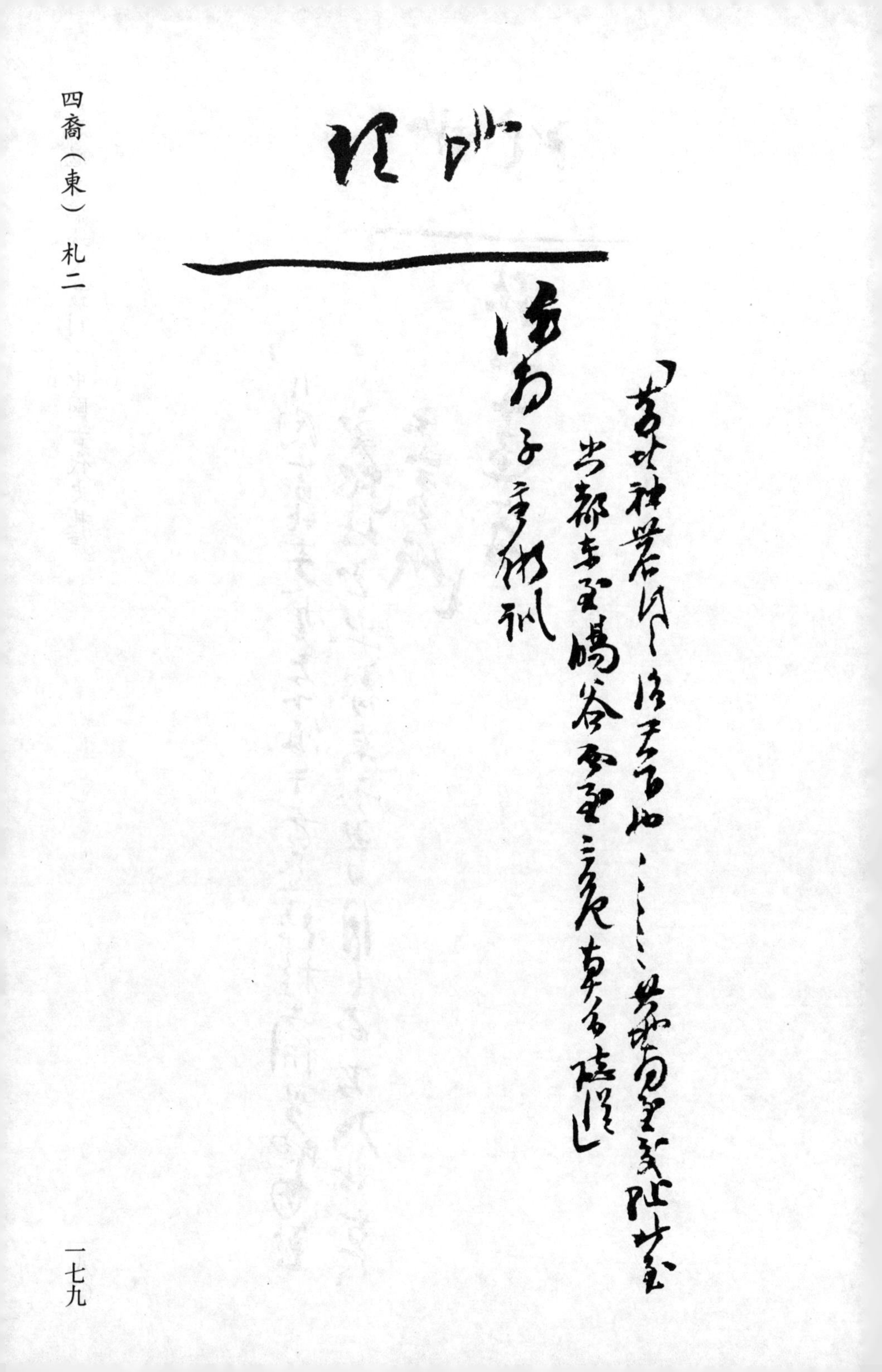

地理

括地十道篇

「周書北書之名不係于書蓋特條其例其地[illegible]
實紀地之出也鄭東亦至日月之所出入其
山海經紀之」

地理

東方之極自碣石過朝鮮貫大人國東至日出榑木
南北戶至委火炎風
中央昆侖絕恒山至碣石
西方之極自昆侖絕流沙西至三危
北方之極九澤窮夏晦之大冥之至令正之谷

淮南時則訓卅一頁

地理門

天名

四極

八紘八極

九山 九塞 九藪

八風 六水

四海內東西南北[illegible]經[illegible]修長

禹使太章豎亥步

昆侖虛 疏圃 河水 赤水 弱水 洋水 縣圃

扶木 建木 若木

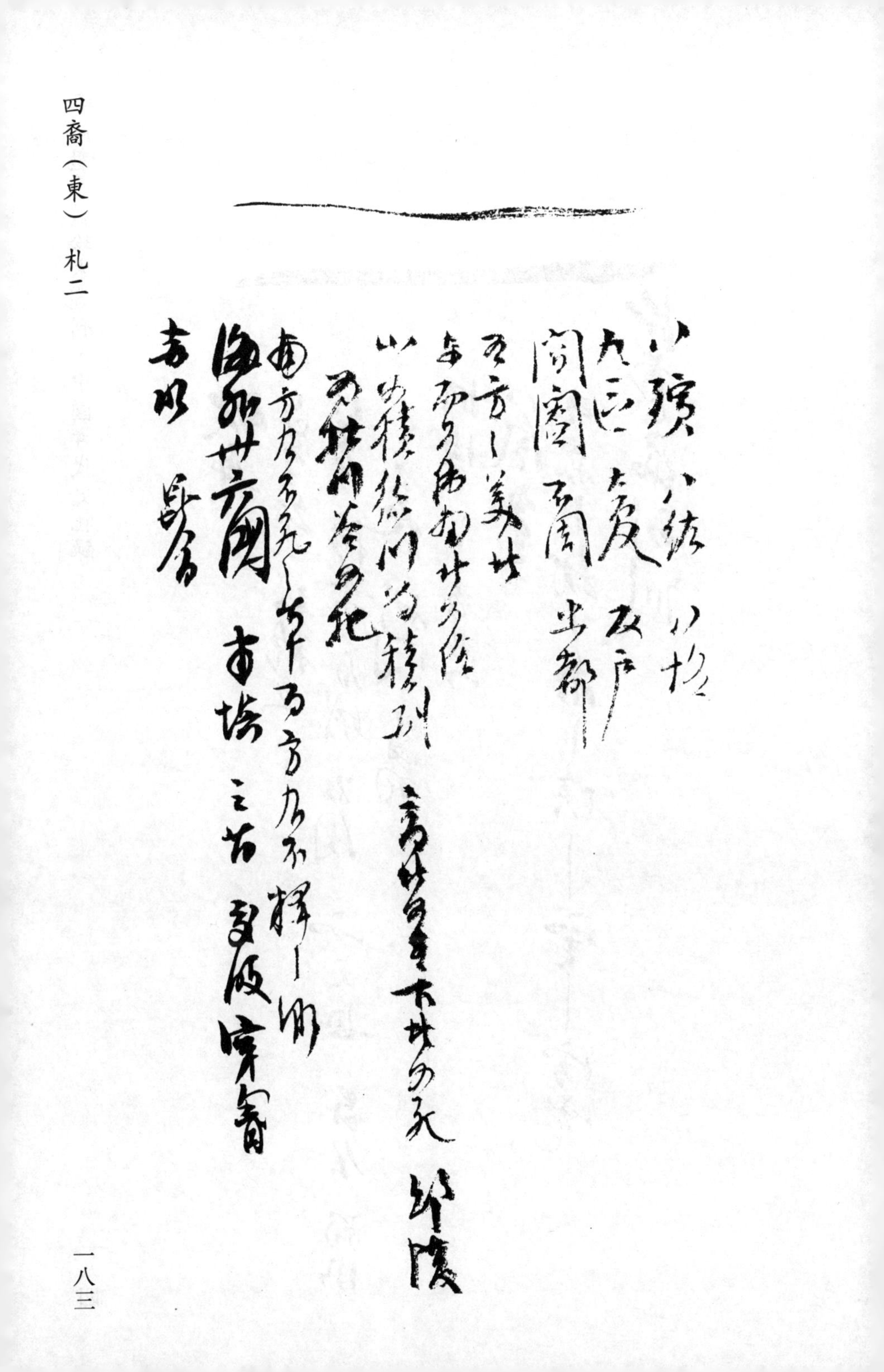

砍耳

烏丸 鮮卑之

倭奴 扶桑 女國 不周 西王母 昆侖 弱水

三危 天門 委羽

河源、江、淮 西岳山

八風 五星

天象—朔—飛—暎—雲—雷電

淮南子地形訓

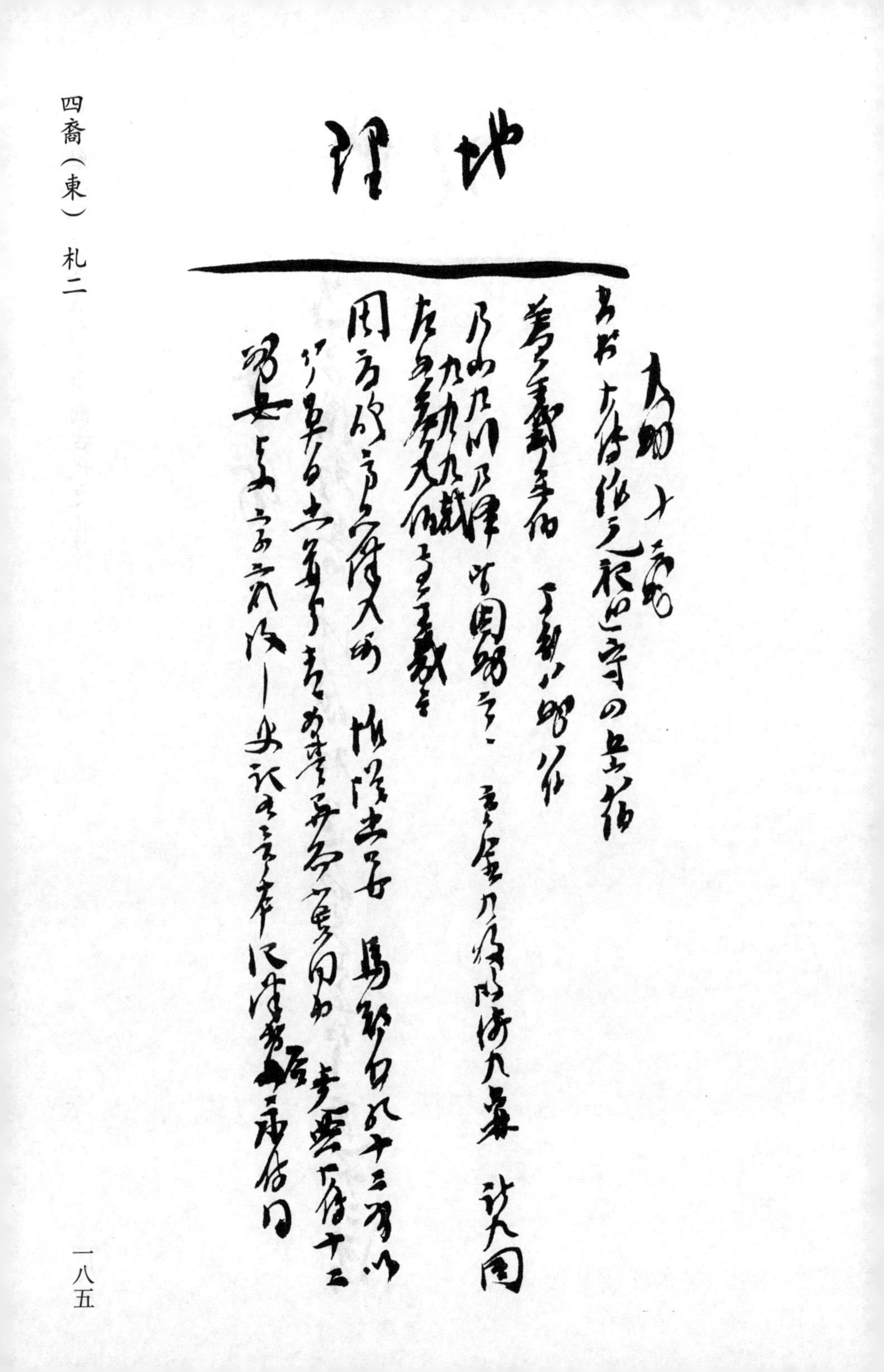

地理

卅
程

十二郡

萬之國相稱諸國相迭與天子爭而遂十二諸

民族

天齊

於是始皇遂東遊海上，行禮祠名山川及八神，求僊人羨門之屬。應劭曰：羨門，名子高，古仙人也。師古曰：古亦僊爲仙字，下皆類此。○宋祁曰：注文僊字下當有字字，下字字當刪去。八神將自古而有之，或曰太公以來作之。齊所以爲齊，以天齊也。蘇林曰：當天中央齊也。師古曰：謂其衆神異，如天之腹齊也。其祀絕莫知起時。八神：一曰天主，祠天齊。天齊淵水，居臨菑南郊山下下者。師古曰：下下，謂最下也。臨菑城南有天齊水，五泉並出，蓋謂此也。二曰地主，祠泰山梁父。蓋天好陰，祠之必於高山之下畤，命曰時；師古曰：名其祭處曰時也。地貴陽，祭之必於澤中圜丘云。三曰兵主，祠蚩尤。在東平陸監鄉，齊之西竟也。師古曰：東平陸，縣名也。監，其縣之鄉名也。四曰陰主，祠三山。師古曰：三山即下所謂三神山。五曰陽主，祠之罘山。韋昭曰：之罘山在東萊腄縣。師古曰：罘音浮。腄音直瑞反。○宋祁曰：姚本注文無之字及縣字。六曰月主，祠之萊山。韋昭曰：在東萊長廣也。皆在齊北，並勃海。師古曰：並音步浪反。七曰日主，祠盛山。盛山斗入海，韋昭曰：盛山在東萊不夜縣，斗入海也。師古曰：斗，絕也。盛音成。最居齊東北陽，以迎日出云。八曰四時主，祠琅邪。琅邪在齊東北，蓋歲之所始。師古曰：山海經云琅邪臺在勃海間，謂臨海有山形如臺也。○宋祁曰：新本最作冣。皆各用牢具祠，而巫祝所損益，圭幣雜異焉。師古曰：言八神牲牢皆同，而圭幣各異也。

漢郊祀志一——楊生材料

地理

暘谷南交昧谷幽都

羲和欽若昊天厤象日月星辰敬授人時重黎之後羲氏和氏世掌天地四時之官故堯命之使敬順昊天昊天言元氣廣大星四方中星辰日月所會厤象其分節敬記天時以授人也此舉其目下別序之○羲和馬云羲氏掌天官和氏掌地官四子掌四時昊胡老反重直龍反少昊之後黎高陽之後日月所會謂日月交會於十二次也寅曰析木卯曰大火辰曰壽星巳曰鶉尾午曰鶉火未曰鶉首申曰實沈酉曰大梁戌曰降婁亥曰娵訾子曰玄枵丑曰星紀乃命分命羲仲宅嵎夷曰暘谷宅居也東表之地稱嵎夷暘明也日出於谷而天下明故稱暘谷暘谷嵎夷一也羲仲居治東方之官○嵎音隅馬曰嵎海嵎也夷萊夷也尚書考靈耀及史記作禺銕暘音陽谷工木反又音欲下同馬云暘谷海嵎夷之地名日出於谷本或作日出於暘谷暘衍字寅賓出日平秩東作寅敬賓導秩序也歲起於東而始就耕謂之東作東方之官敬導出日平均次序東作之事以務農也○寅徐以真反又音夷下同賓如字徐音殯馬云從也出尺遂反又如字註同平如字馬作苹普庚反云使也下皆放此秩如字日中星鳥以殷仲春日中謂春分之日鳥南方朱鳥七宿殷正也春分之昬鳥星畢見以正仲春之氣節轉以推季孟則可知○中貞仲反又如字殷於勤反馬鄭云中也宿音秀下同見賢遍反下同厥民析鳥獸孳尾冬寒無事並入室處春事既起丁壯就功厥其也言其民老壯分析乳化曰孳交接曰尾○析星歷反孳音字乳儒付反說文云人及鳥生子曰乳獸曰產申命羲叔宅南交申重也南交言夏與春交舉一隅以見之此居治南方之官○重直用反平秩南訛敬致訛化也掌夏之官平敘南方化育之事敬行其教以致其功四時同之亦舉一隅○訛五和反日永星火以正仲夏永長也謂夏至之日火蒼龍之中星舉中則七星見可知以正仲夏之氣節季孟亦可知厥民因鳥獸希革因謂老弱因就在田之丁壯以助農也夏時鳥獸毛羽希少改易革改也分命和仲宅西曰昧谷昧冥也日入於谷而天下冥故曰昧谷昧谷曰西則嵎夷東可知此居治西方之官掌秋天之政也○昧武內反冥莫定反寅餞納日平秩西成餞送也日出言導日入言送因事之宜秋西方萬物成平序其政助成物○餞賤衍反馬云滅也滅猶沒也宵中星虛以殷仲秋宵夜也春言日秋言夜互相備虛玄武之中星亦言七星皆以秋分日見以正三秋厥民夷鳥獸毛毨夷平也老壯在田與夏平也毨理也毛更生整理○毛毨下先典反說文云仲秋鳥獸毛盛可選取以為器用也申命和叔宅朔方曰幽都平在朔易北稱朔亦稱方言一方則三方見矣北稱幽則南稱明從可知也都謂所聚也易謂歲改易於北方平均在察其政以順天常上總言羲和敬順昊天此分別仲叔各有所掌○別音彼列反下同日短星昴以正仲冬日短冬至之日昴白虎之中星亦以七星並見以正冬之三節厥民隩鳥獸氄毛隩室也民改歲入此室處以辟風寒鳥獸皆生而氄細毛以自溫焉○隩於六反馬云煖也氄如勇反徐又音而充反馬云溫柔貌辟音避耎如兗反本或作毴音儒毴尺銳反

又見禹貢疏嵎夷既略

昴昏中可以收斂也天子視四星之中知民緩急故云敬授民時也 分命羲仲居郁夷曰暘谷〔集解〕尚書作嵎夷孔安國曰東表之地稱嵎夷日出於暘谷羲仲治東方之官〔索隱〕史記舊本作湯谷今並依

尚書字案淮南子曰日出湯谷浴於咸池則湯谷亦有明證又下曰昧谷徐廣云一作柳谷亦曰入處地名然則太史公博採經記而爲此史廣記異聞不必皆依尚書郁夷亦地之別名也〔正義〕郁音隅暘或作陽禹貢青州云嵎夷既略

案嵎夷青州也堯命羲仲理東方青州嵎夷之地日所出處名曰陽明之谷羲仲主東方之官若周禮春官卿 敬道日出便程東作〔集解〕孔安國曰敬道出日平均次序東作之事以務農也〔索隱〕[illegible]傳皆依

古史作平秩音然尚書大傳曰辯秩東作則是訓秩爲程言便課其作程者也〔正義〕道音導便程並如字後同導訓也三春主東故言日出耕作在春故言東作命羲仲恭勤道訓萬民東作之事使有程期 日中星鳥以殷

中春〔集解〕孔安國曰日中謂春分之日也鳥南方朱鳥七宿也殷正也春分之昏鳥星畢見以正仲春之氣節轉以推孟季則可知也〔正義〕下中音仲夏秋冬並同 其民析鳥獸字微〔集解〕孔安國曰春事既起丁壯

就功言其民老壯分析也乳化曰字尚書微作尾字說文云尾交接也 申命羲叔居南交〔集解〕孔安國曰夏與春交此治南方之官也〔索隱〕孔注未是然則冬與秋交何故下無其文且東嵎夷西昧谷北幽都三方皆

言地而夏獨不言地乃云與春交斯不例之甚也然南方地有名交阯者或古文略舉一字名地南交則是交阯不疑也〔正義〕羲叔主南方之官若周禮夏官卿也 便程南爲敬致〔集解〕孔安國曰爲化也平序分南方化育

之事敬行其教以致其功也〔索隱〕爲依字讀春言東作夏言南爲皆是耕作營爲勸農之事孔安國強讀爲訛字雖訓化解釋亦甚紆回也〔正義〕爲音于僞反命羲叔宜恭勤民事致其種殖使有程期也 日永星火以正

乾隆四年校刊　史記卷一　本紀　三

中夏〔集解〕孔安國曰永長也謂夏至之日火蒼龍之中星舉中則七星見可知也以正中夏之節馬融王肅謂日長晝漏六十刻鄭玄曰五十五刻 其民因鳥獸希革〔集解〕孔安國曰因謂老弱因就在田之丁壯以

助農也夏時鳥獸毛羽希少改易也革改也 申命和仲居西土〔集解〕徐廣曰一無土字以爲西者今天水之西縣也駰案鄭玄曰西者隴西之西今人謂之兌山 曰昧谷〔集解〕徐廣曰一作柳谷駰案孔安國

曰日入於谷而天下冥故曰昧谷昧冥也居治西方之官掌秋天之政也〔正義〕和仲主西方之官若周禮秋官卿也 敬道日入便程西成〔集解〕孔安國曰秋西方萬物成也 夜中星虛以正中秋〔集解〕

孔安國曰宵夜也春言日秋言夜互相備也虛玄武之中星亦言七星皆以秋分日見以正三秋也〔索隱〕虛舊依字讀而鄒誕生音墟案虛星主墳墓鄒氏須得其理 其民夷易鳥獸毛毨〔集解〕孔安國曰夷平也老壯者在田與

夏平也毨理也毛更生曰毨理 申命和叔居北方曰幽都〔集解〕孔安國曰北稱幽都謂所聚也〔索隱〕案山海經曰北海之內有山名幽都蓋是也〔正義〕按北方幽州陰聚之地命和叔居理之北方之官若周

禮冬官卿 便在伏物〔索隱〕使和叔察北方藏伏之物謂人畜積聚等冬皆藏伏尸子亦曰北方者伏方也尚書作平在朔易今案大傳云便在伏物太史公據之而書 曰短星昴以正中冬〔集解〕孔安國曰

日短冬至之日也昴白虎之中星亦以七星並見以正冬節也馬融王肅謂日短晝漏四十刻鄭玄曰四十五刻 其民燠鳥獸氄毛〔集解〕徐廣曰氄音茸駰案孔安國曰民入室處鳥獸皆生氄毳細毛以自溫也 歲

地理

卅隆

僞古今

隋書補注二十五補編志十二頁九何人知之

可以取謝矣

湯谷　扶桑　十日

崦嵫九、三〇八、　天七、三〇八女丑之尸

河 江

馮夷—河伯

陽紆

凌門之山河出其中

山海經十二、四五

碣石之山

山海經三—25葉

夫餘　句麗　百濟

新羅

日本

第六節 隋與高句麗之交涉

高句麗於魏太武時，始奉表貢方物，并請國諱，拜都督遼海諸軍事、征東將軍、領東夷中郎將、遼東郡公、高句麗王。時後貢使相尋，歲致黃金二百斤，白銀四百斤。孝文時，貢獻倍前，其賞賜亦稍增焉。齊、周遞興，亦皆通朝貢，受封爵。及隋而釁端始啟。

隋文帝之受禪也，亦授高句麗王陽城（書作湯）平原王。隋以大將軍封高麗王。後賜璽書，責其驅逼靺鞨，禁固契丹，潛行財貨，利動小人，私將弩手，逃竄下國；中國使至，坐之空館，嚴加防守；數遣馬騎，殺害邊人；常遣使臣，密覘消息。陽城得書惶恐，將奉表陳謝，會病卒。子嬰陽王元立，率靺鞨萬餘騎寇遼西，以漢王諒為元帥，總水陸軍討之。饋運不繼。師出臨渝關。後遇疾疫。王師不振。及次遼水。元亦惶懼。遣使謝罪。上表自稱遼東糞土臣。於是罷兵。待之如初。煬帝即位。徵元入朝。不至。而元懼。蕃禮頗闕。大業七年。帝自將伐之。圍遼東。不克。宇文述以九軍趨薩水。去平壤數里。城固不可拔。[illegible]師遂高句麗乙支文德自後擊之。述軍大敗。來護兒以江淮水師入海亦敗還。[illegible] 九年。復親征。會楊玄感作亂。班師。兵部侍郎斛斯政亡入高句麗。、、、具知虛實。悉銳來追。殿[illegible]軍多敗。十年。又發天下兵討之。會盜賊蜂起。[illegible]所在阻絕。軍多失期。至遼水。高句麗亦困弊。遣使乞降。因送斛斯政。贖罪。帝許之。頓懷遠鎮。受其降。仍徵元入朝。元竟不至。帝更圖後舉。會天下喪

就遂不復問

第七節　句麗百濟之亡及新羅之盛

句麗小國，與新羅百濟故等夷耳。東晉以後，所以儼然爲海東大國者，實以乘中國喪亂，稍稍拓地遼東之故。而中國之所以屢征之者，則亦以此。煬帝驕侈，徒以抗命不朝，屢勤師旅。隋高唐太，皆非輕動中國以事四夷之人。太宗之征泉蓋蘇文，謂遼東本中國地，隋氏四出師而不能得，朕今東征，欲爲中國報子弟之仇，高麗雪君父之恥耳。情見乎辭矣。

高麗嬰陽王以唐武德元年卒，異母弟榮留王建武立。貞觀五年，築長城，東北起夫餘，東南至海，長千餘里，十六年乃畢。其遺址不可考。貞觀十六年，榮留王爲其臣泉蓋蘇文所弒，立其姪寶藏王。藏十八年。太宗自將伐之。以張亮為平壤道行軍大總管，帥舟師四萬泛海趨平壤。李勣為遼東道行軍大總管，率騎士六萬趨遼東。四月，勣濟遼水。拔蓋牟城（今蓋平縣）。克遼東（今遼陽）。降白崖（今岫巖）。進次安市（今蓋平縣北）。高句麗北部傉薩高延壽、南部傉薩高惠真引兵及靺鞨眾十五萬來援。帝大破降之。安市城小而兵堅。守將梁萬春固守，攻之不能克。遂班師。遼左早寒。士馬多死。高麗自此益驕。

百濟當周隋間。……賢王。……國勢頗張。武王立。……怡推般樂是務。義慈王繼之。淫泆尤甚。而侵新羅無虛歲。高宗顯慶五年。遣蘇定方等新羅兵伐之。定方自成山濟海。新羅武烈王。遣太子法敏、大將軍金庾信等以兵船百艘會之。至熊江口。

百濟拒之。大敗。乘潮帆以進。義慈挾太子孝奔熊津。進圍其都泗沘。義慈次子泰自立為王。固守。孝子文思曰：王太子固在，叔乃自立。若唐兵解去，如我父子何。與左右縋而出。[illegible]民皆從之。泰不能止。開門降。義慈亦詣定方降。執送京師。析其地為都督府五。熊津 馬韓 東明 金漣 德安 命郎將劉仁願守泗沘。以王文度為熊津都督。文度濟海而卒。劉仁軌代之。龍朔元年。百濟宗室福信、浮屠道琛起兵。周留城。今州西 令迎王子豐於日本。立為王。西北部皆應之。圍泗沘。仁軌往援。敗之。已而福信殺道琛。并其衆。又謀殺豐。豐先殺之。乞師於[illegible]句麗日本。仁願請濟師。孫仁師以齊兵七千往。仁願與新羅文武王躬率步騎。而遣劉仁軌率舟師。自熊津進趨周留城。日本齊明女皇親幸筑紫。遣將阿曇比羅夫等往援。仁軌四遇皆克。火其船四百餘艘。豐走。不知所在。其子忠勝、忠志率殘衆降。百濟已既平百濟。遂圖句麗。龍朔元年。契苾何力、蘇定方、劉伯英分出浿江、遼東、平壤道。（月定方攻由兩兵。進圍平壤。）明年。龐孝泰以嶺南兵壁蛇水。（朱）詳為蓋蘇文所沒。定方解而歸。乾封元年。蓋蘇文死。子男生代為莫離支。與弟男建、男産相怨。男生據國内城。遣子獻誠入朝求救。詔契苾何力、龐同善等討之。又以李勣為遼東道行軍大總管。兼安撫大使。獨孤卿雲、郭待封、劉仁願、金待問等並為行軍總管。受節度。明年。下新城。（在今興京境）進拔城一十六。郭待封以舟師濟海趨平壤。諸道師并會。九月藏遣男産請降。男建（切滅）固守。大將浮屠信誠遣諜約内應。執藏、男建。凱而還。析其地為都督府九，州四十二，縣百，而置安東都護府於平壤以統之。

新羅自內附以來，世為賓臣。至文武王時，乃大稱兵威，亦欲以陷唐室之[illegible]力不逮，後欲令其為遂，據百濟，收容叛眾，略高麗，因之納高麗。咸亨元年，移安東都護府于遼東。（總章都督府南于新城）新羅遂盡有百濟及高麗地，守之。蓋納外叛眾，略百濟地守之。五年，唐削文武王官爵，以其弟仁問為新羅王，遣劉仁軌討之。破其眾。文武王使謝罪，帝以赦仁問，仁問亦辭王。詔復文武王官爵。然所取百濟地，終不反。儀鳳二年，以高藏為遼東州都督，封朝鮮王；扶餘隆為熊津都督，帶方王。使分安輯其餘眾。至遼東，藏潛通靺鞨謀叛，唐召之，流之邛州。隆畏新羅，寄治高麗舊

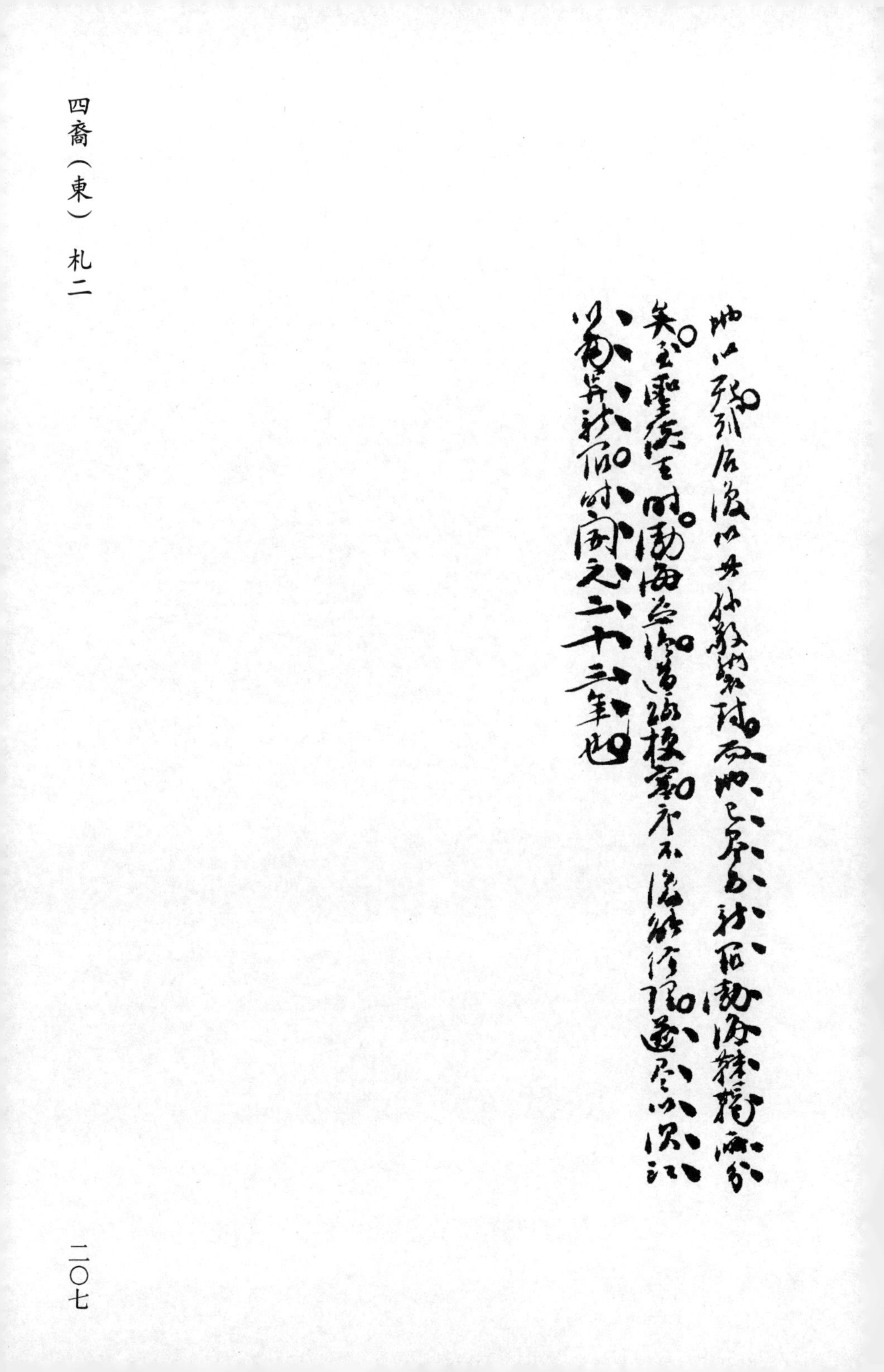

四裔（西）一

昆侖墨

[illegible]

青衣羌

出揮青衣州傳 卌六之一

の斋

昇倫祠

出经伴出佳 15 19

刀商

昆侖山廟在河南滎陽縣

水經注五・九

昆侖

漾水注20・2

若水注卅六・十一

四裔　西

荔戎在此地荔伯在臨晉

此據汪四、十五

四裔

辛弟

水經灤水注十三之葉濡水注十四之葉

晋書張駿傳「酒泉太守馬岌上言酒泉
南山即昆侖之體也周穆王見西王母樂而
忘歸即謂此山有石室玉堂珠璣鏤
飾煥若神宮宜立西王母祠以裨朝廷
無疆之福駿從之」

巴

郡權江郡｜佳　卅三 16 17 19 卅四、1、2

[illegible]

[illegible]

[illegible]

四商

山權汪明佳

三卷

卅三、十二

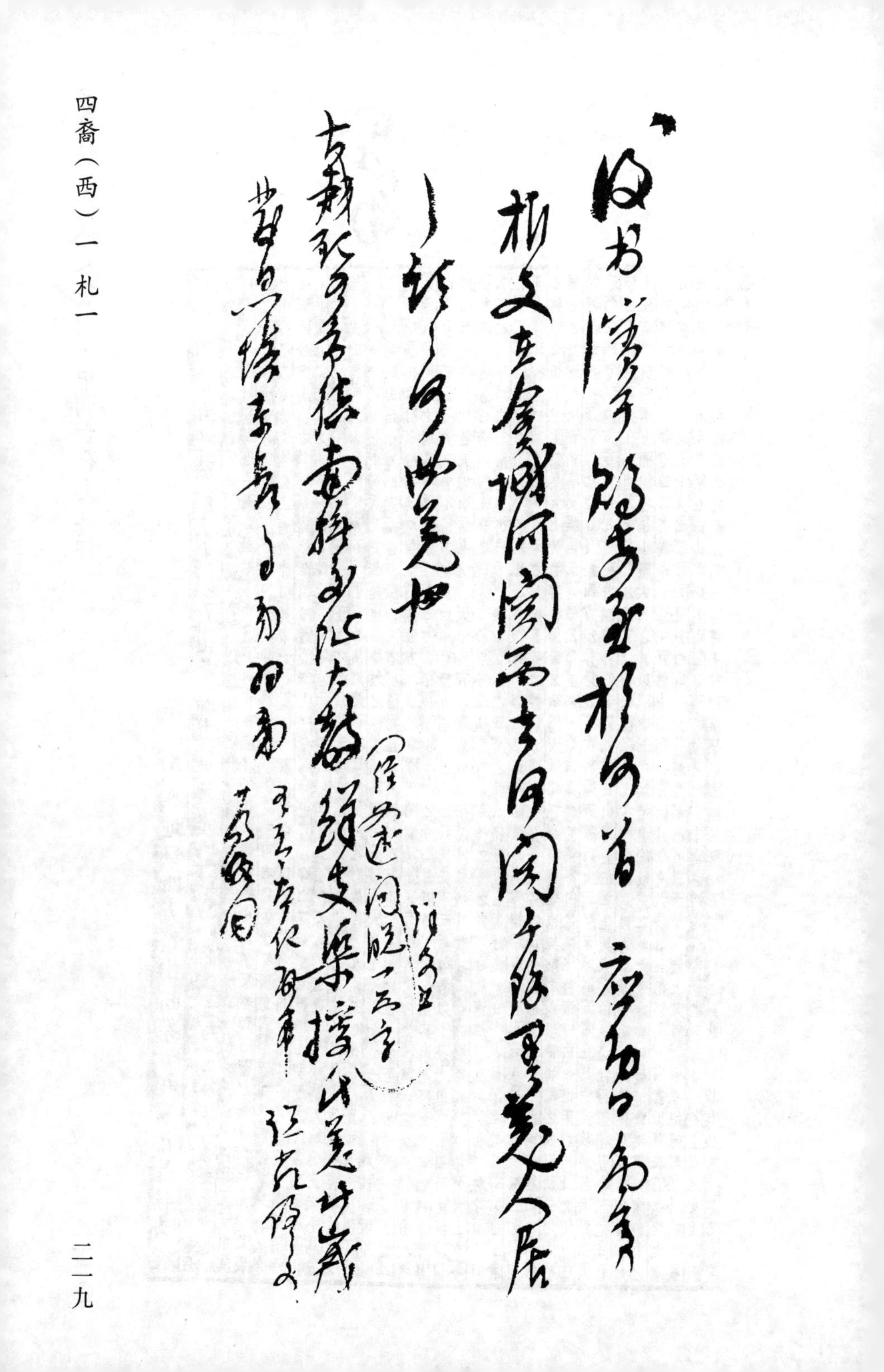

呂氏論

○天子祭天地祭四方祭山川祭五祀歲徧諸侯方祀祭山川祭五祀歲徧大夫祭五祀歲徧士祭其先祭四方謂祭五官之神於四郊也句芒在東祝融后土在南蓐收在西玄冥在北詩云來方禋祀方祀者各祭其方之官而已五祀戶竈中霤門行也此蓋殷時制也祭法曰天子立七祀諸侯立五祀大夫立三祀士立二祀謂周制也○徧音遍本亦作遍下同句古侯反芒音亡蓐音辱冥亡丁反禋音因霤力救反

疏 天子至其先○正義曰此一節論天子以下祭祀尊卑不同幷論神有廢置之事各隨文解之○天子祭天地者祭天謂四時迎氣祭五天帝於四郊各以當方人帝配之月令春曰其帝太皞夏曰其帝炎帝季夏曰其帝黃帝秋曰其帝少皞冬曰其帝顓頊明為配天及告朔而言之其實祭亦然故月令孟夏云大雩帝為命祀百辟卿士既云祀百辟卿士明五方人帝天子亦雩祀之其夏正郊感生之帝周以后稷配之其於明堂總享五帝以文王武王配之故孝經說云后稷為天地之主文王為五帝之宗是也周人祭明堂時又兼以武王配之故祭法云周人宗武王是也○知方岳之神是崑崙者案地統書括地象云地中央曰崑崙又云其東南方五千里曰神州以此言之崑崙在西北別統四方九州其神州者是崑崙東南一州耳於一州中更分為九州則禹貢之九州是也其配地之神孝經緯既云后稷為天地之主則后稷配天南郊又配地北郊則周人以嚳配圜丘亦當配方澤也○祭山川者周禮兆五帝於四郊四望四類亦如之也○祭五祀者春祭戶夏祭竈季夏祭中霤秋祭門冬祭行也○歲徧者謂五方之帝迎氣雩祀明堂及郊雖有重者諸神總徧故云歲徧○諸侯方祀者諸侯既不得祭天地又不得總祭五方之神唯祀當方故云方祀○祭山川者王制云在其地則祭之亡其地則不祭是也○大夫祭五祀者大夫不得方祀及山川直祭五祀而已○士祭其先不云歲徧者以士祭先祖歲有四時更無餘神故也天子祭天地者天地有覆載大功天子王有四海故得總祭天地以報其功其天有六祭之一歲有九昊天上帝冬至祭之一也蒼帝靈威仰立春之日祭之於東郊二也赤帝赤熛怒立夏之日祭之於南郊三也黃帝含樞紐季夏六月土王之日亦祭之於南郊四也白帝白招拒立秋之日祭之於西郊五也黑帝汁光紀立冬之日祭之於北郊六也王者各稟五帝之精氣而王天下於夏正之月祭於南郊七也四月龍星見而雩總祭五帝於南郊八也季秋大饗五帝於明堂九也地神有二歲有二祭夏至之日祭崑崙之神於方澤一也夏正之月祭神州地祇於北郊二也或云建申之月祭之與郊天相對冬至祭昊天上帝者春秋緯云紫微為天帝北極耀魄寶是也其配之人以帝嚳配之故祭法云周人禘嚳是也其五帝則春秋緯文耀鉤云蒼帝曰靈威仰赤帝曰赤熛怒黃帝曰含樞紐白帝曰白招拒黑帝曰汁光紀○注祭四至制也○正義曰此經直言祭四方知非祭五天帝於四方者以上云祭天地則五帝在其中矣故知非天帝也案宗伯云疈辜祭四方百物知此方祀非四方百物者以此文在山川五祀之上與大宗伯血祭社稷五祀五嶽五祀在五嶽之上此四方亦在山川之上故知是五官之神云祝融后土在南者鄭意以為黎兼為后土土位在南方故知祝融后土在南引詩云來方禋祀者是小雅大田之詩以刺幽王之無道追論成王之時太平時和年豐至秋報祭招來四方之神禋絜祭祀引之者證四方之義也云五祀戶竈中霤門行者此月令文大宗伯五祀以為五官者以其在五嶽之上此五祀在山川之下又與大夫同祭故知是戶竈等云此蓋殷時制也者以天子諸侯大夫同云祭五祀既無差等故疑殷時制也案王制云大夫祭五祀文與此同而鄭云五祀謂司命也中霤也門也行也厲也與此不同者王制之文上云天子祭天地諸侯祭社稷大夫祭五祀既有尊卑等級疑是周禮故引祭法五祀以解之與此不同是有地大夫祭五祀無地大夫祭三祀

此引禮下

律謂之分　律管可以分氣

音釋

疏○律謂之分○釋曰律

一名分鄭注月令云律候氣之管也以銅爲之律厤志云皇帝使伶倫氏自大夏之西崑崙之陰取竹之解谷斷兩節間而吹之以爲黄鍾之宫制十二筩以聽鳳凰之鳴其雄鳴則爲六律雌鳴則爲六吕陽管爲律律法也言陽氣與陰氣爲法鄭云律述也述氣之管陰管爲吕律厤志云吕助也言助陽宣氣又云吕拒也言與陽相承更迭而至又陰律稱同言與陽同也摠而言之陰陽皆稱律故月令十二月皆云律中是也以其分候十二月氣故又名分郭云律管可以分氣是也

儀礼の畜

反首拔舍

秦獲晉侯以歸經書十一月壬戌十四日經從赴晉大夫反首拔舍從之反首亂頭髮下垂也拔草舍止壞形毀服○拔蒲末反注皆同秦伯使辭焉曰二三子何其慼也寡人之從君而西也亦晉之妖夢是踐豈敢以至狐突不寐而與神言故謂之妖夢申生言帝許罰有罪今將晉君而西以厭息此語踐厭也○厭於冉反一音於甲反又於輒反下同晉大夫三拜稽首曰君履后土而戴皇天皇天后土實聞君之言羣臣敢在下風

僖十五

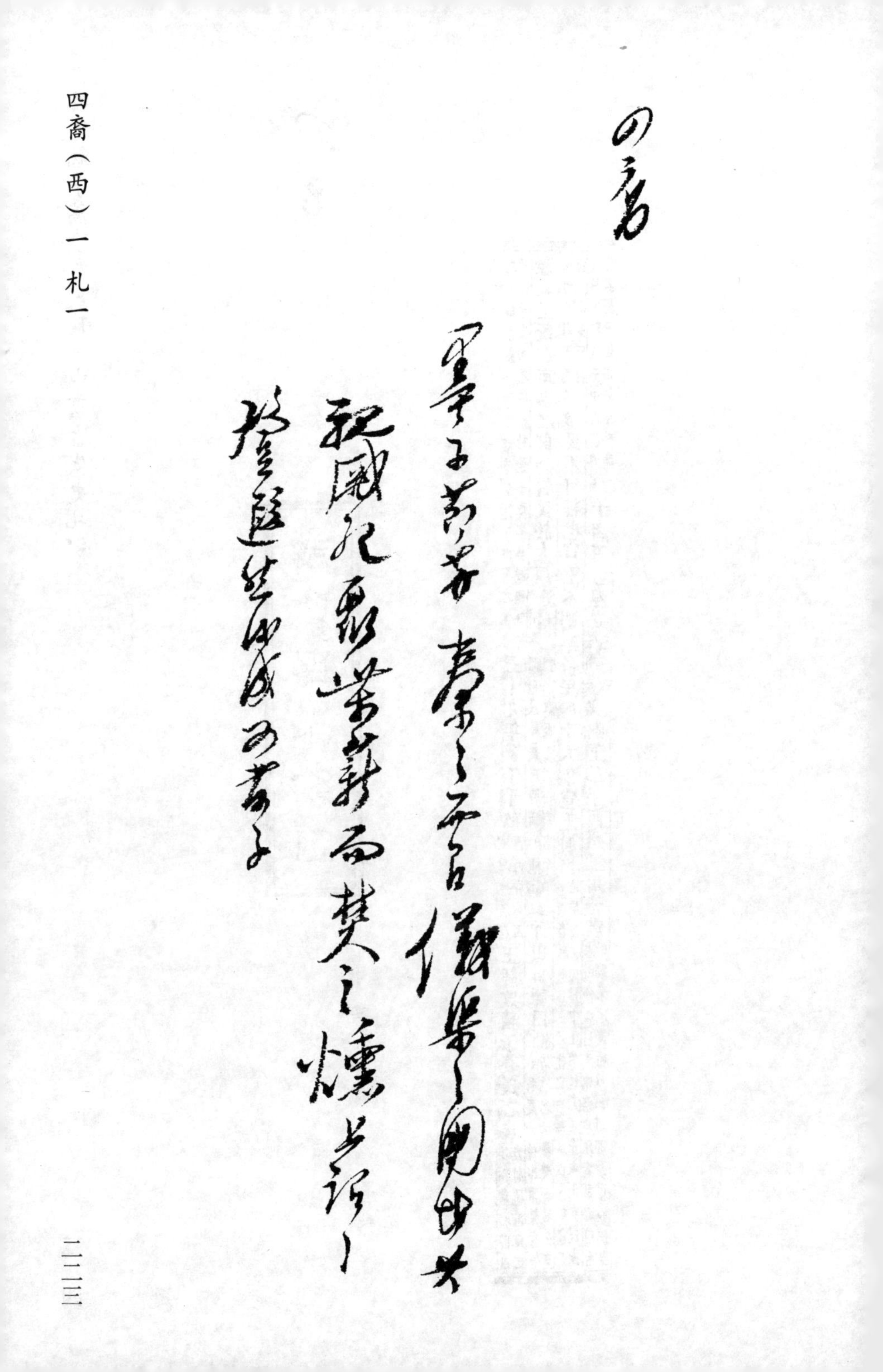

之大事在農上帝之粢盛於是乎出事之繁庶於是乎生人之供給於是乎取事具載國語三十九年戰于千畝【集解】地名在西河介休縣王師敗績于姜氏之戎【集解】韋昭曰西戎別種四嶽之後也宣王既亡南國之師乃料民於太原【集解】韋昭曰敗於姜戎時所亡也南國漢江之閒料數也唐固曰南國南陽也仲山甫諫曰【正義】毛萇云仲山甫樊穆仲也括地志云漢樊縣城在兗州瑕丘縣西南古樊國仲山甫所封也民不可料也宣王不聽卒料民四十六年宣王崩【正義】周春秋云宣王殺杜伯而無辜後三年宣王會諸侯田于圃日中杜伯起於道左衣朱衣冠操朱弓矢射宣王中心折脊而死國語云杜伯射王於鄗子幽王宮湦立【集解】徐廣曰湦一作生幽王二年西周三川皆震【集解】徐廣曰涇渭洛也駰案韋昭曰西周鎬京地震動故三川亦動【正義】按涇

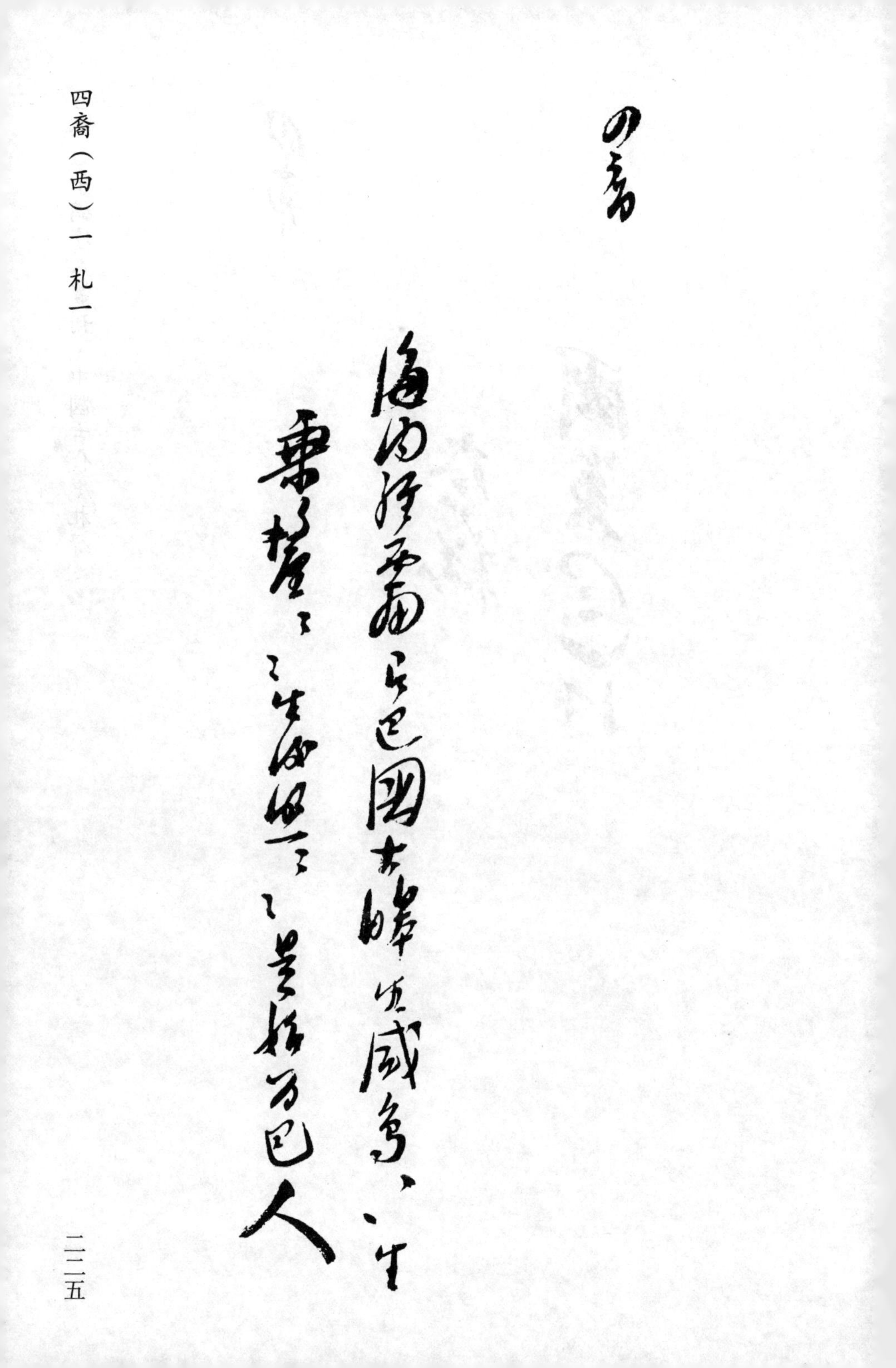

四弟

存稿

國策（二）下

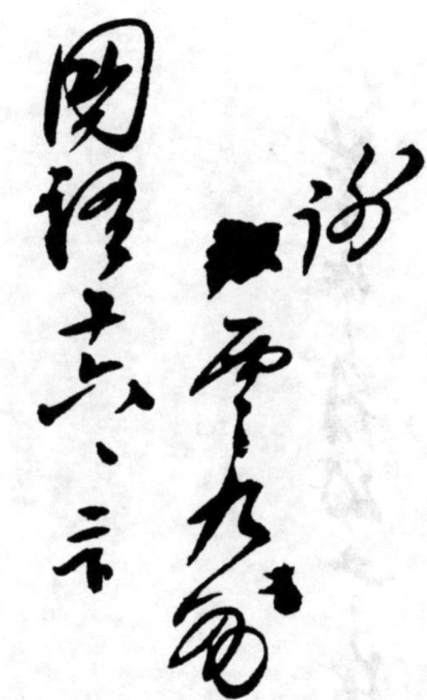

華中師範學校

國語十・八五

商—[illegible]

[illegible] 世傳[illegible]

姜

[illegible]—[illegible]

微—微[illegible]

華—[illegible]氏

甘—[illegible]

洪—[illegible]

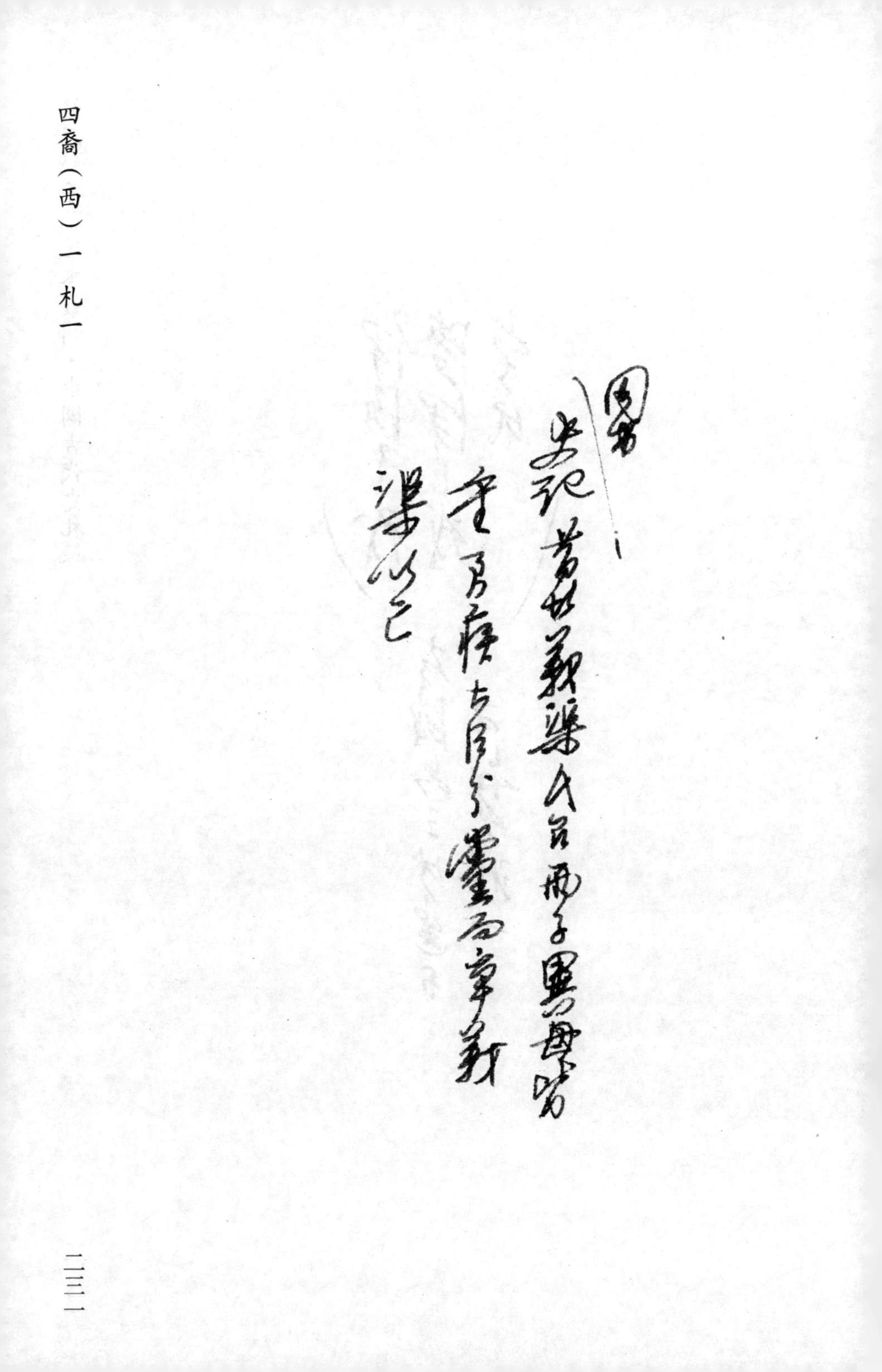

保衛了我
陸軍我
出民

壬戌六三廿書
可無非一

四年

教案

[illegible]補述之上

弟

思方载叩院程

戎

隱二年 七年 九年 桓二年 六年 莊十八

二十 廿四 廿六 卅山戎 卅一 閔二犬戎 僖二

十

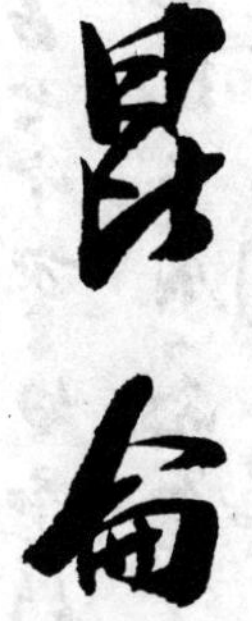

不周山

不周風自不周山出　此山形有缺不周帀處因名云

西經　河原

又西北三百七十里曰不周之山　西北不周風自此山出　郭注集

大荒西經云有山而不合名曰不周負子　離騷云路不周以左轉

指西海以為期　王逸注云不周山名在崑崙西北　高誘注呂氏

春秋本味篇云不周山在崑崙西北注見山海經在崑崙

東南隆寫句禹和安得注疏撰云不周山在崑崙東南二千

三百里與此不周在崑崙一千七百四千里將經傳注引此經

云不周之山北門以納不周之風今傳本無此語據本

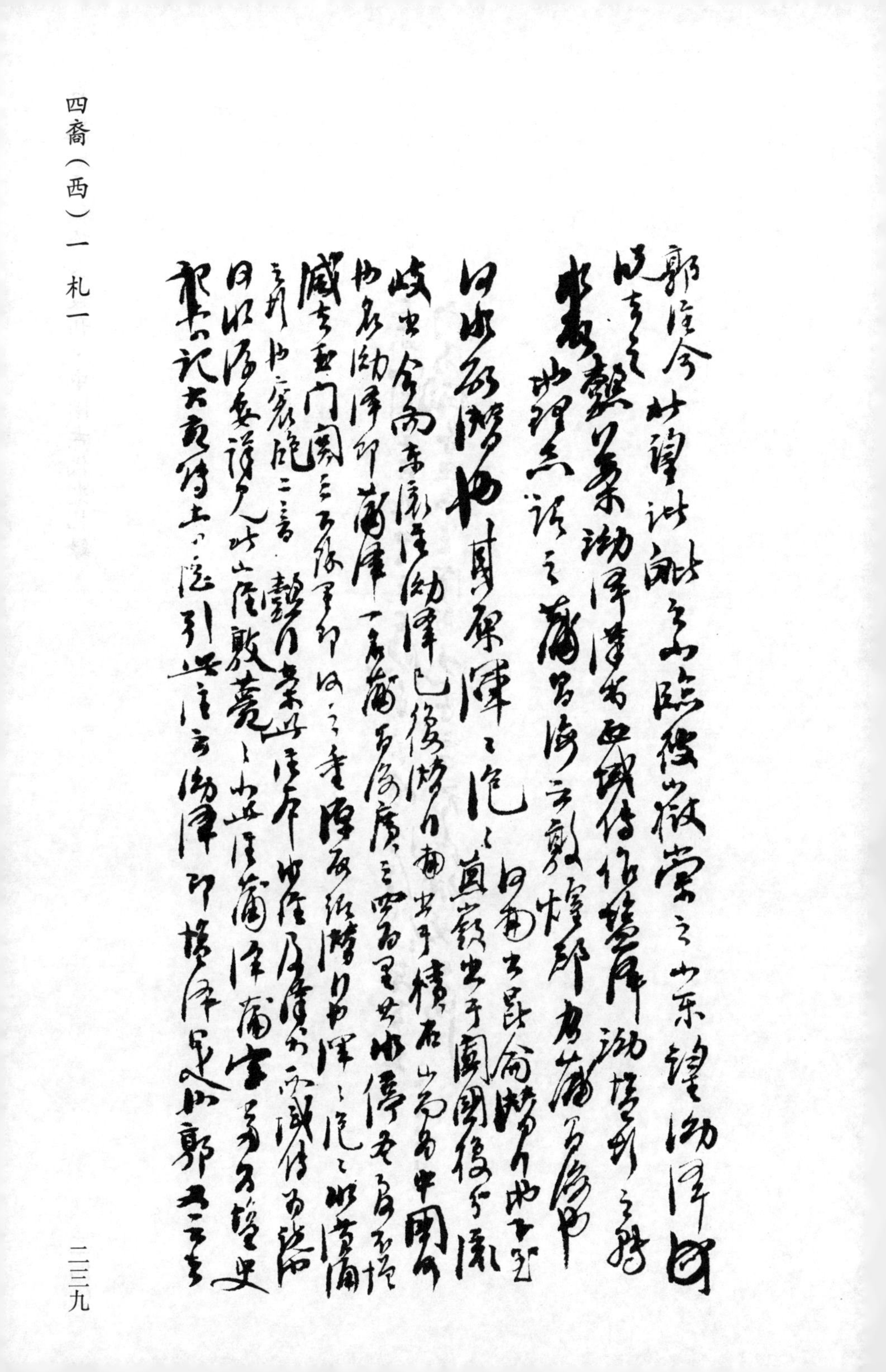

玉門關三百餘里三歲千字明漢注作去去玉……

門關明千五百里漢書地千字郡代例無考陽

西戎

又西北四百二十里曰峚山（音密）[illegible]

天台山賦引此經作密山[illegible]

白帖初學記二十七卷引此作峚山[illegible]

[illegible]

自峚山至于鍾山四百六十里[illegible]

[illegible]其間盡澤也是多奇鳥怪獸奇魚皆異物焉[illegible]穆天子傳云舂山之澤[illegible]

[illegible]溫和無風飛鳥百獸[illegible]爰有[illegible]獸食虎豹如麋而載骨[illegible]

[illegible]如麕小頭大鼻爰有白鳥青鵰執犬羊食豕鹿[illegible]

山奇魚皆黑[illegible]焉

又西北四百二十里曰鍾山……　穆天子傳云鍾山作春山字音同耳穆天升于春山

以望四野曰鍾山是唯天下之高山也百獸之所飲食

鳥之極也……穆天五日觀于鍾山乃為銘跡于縣圃之上

以詔後世　據此則鍾山穆天子傳作

春山郭注云山海經謂之鍾山）

又西百八十里曰泰器之山觀水出焉　據畢本華陰吳

校藏引作泰

器之山灌水出焉其陽雲笈七籤引此仍作泰器之

山灌水出焉呂氏春秋本味篇作雚水高誘注云雚水

至西

極　西流注于流沙　郭注本書海內西經云流沙出鍾山楚詞招魂云西方之害

流沙千里焉注云

流沙沙流而行也

又

又西三百二十里曰槐江之山　郭注本書呂氏春秋本味篇云水之美者沮江之丘名曰搖水疑

沮江卽槐江　江　丘時之水出焉而北流注于泑水〻〻[illegible]

搖水說在下

惟帝之平圃　卽玄圃也穆天子傳曰乃為銘迹于平圃之上刊石紀功德如秦皇漢武之爲也

郭注本書穆天子傳玄圃亦作縣圃[illegible]鍾山注

引[illegible]曰[illegible]引作東玄圃[illegible][illegible][illegible][illegible][illegible]圃神英招司

之〻〻為理民命與之終〻其氣魂〻……巫謂

大澤即積石所游乃積石生為雲抑及其終化於道岸

而由之神之積傳說時與崑崙據

東方積石即指為葬此葬

之言藏也已見崇山〻〻〻〻……此望詘向

〻〻東望恆山之成，成上有兩宮（人云自成曰）桑山終葉

恆山即北嶽（詳以下）里所嵯峨者及

山依時則訓云中央之極自崑崙東絕兩恆山是居西極

所居恆山殆矣今案漢注長以爲成引此經作恆山之成藏文

類聚九十卷引家語曰孔子在衛了哭者也顏回曰回聞

桓山之鳥生四子焉羽翼既成將分於四海悲鳴而送之

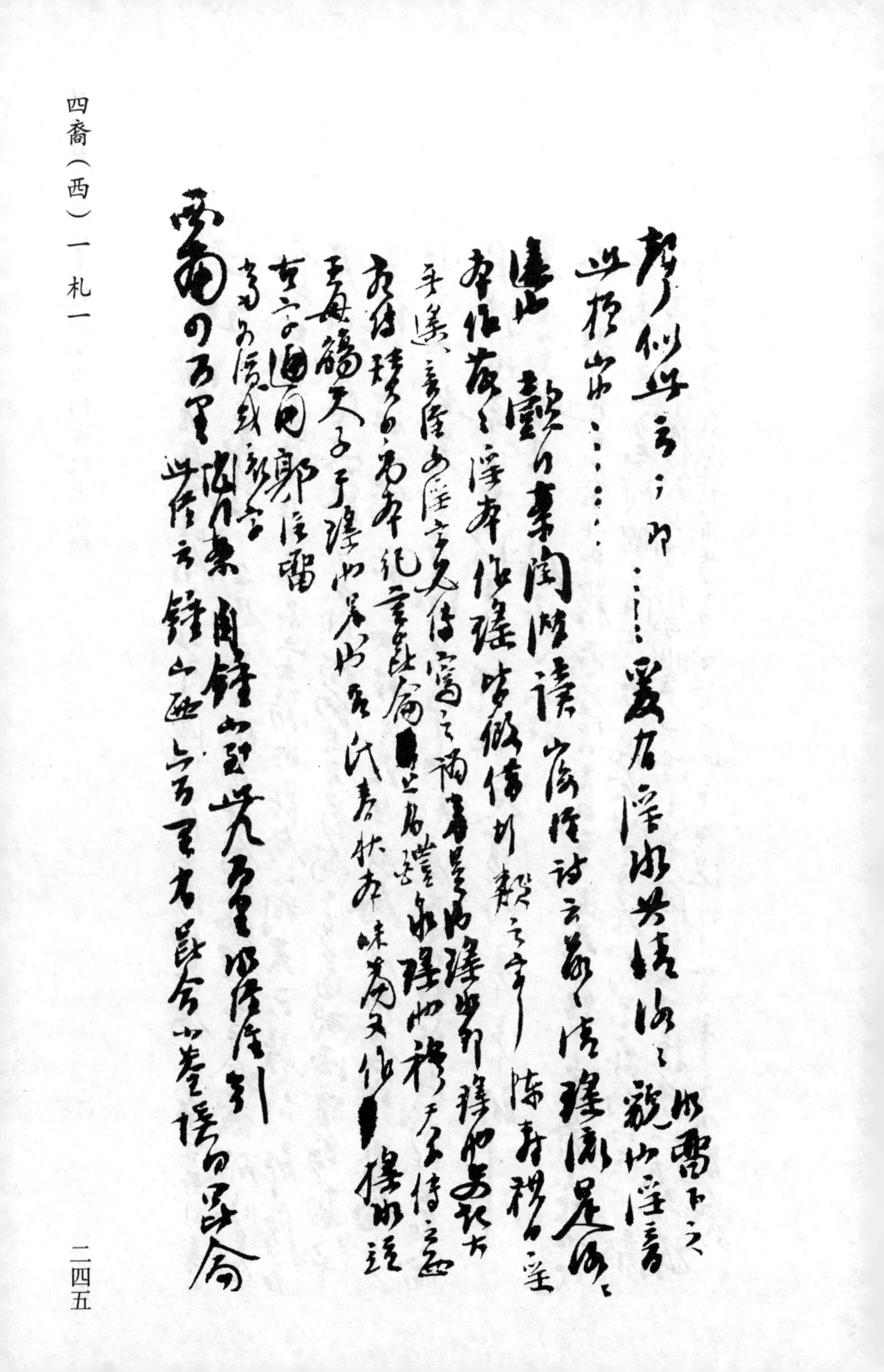

之丘

縣圃，崑崙之丘。海内西經：海内崑崙之虛在西北，帝之下都。今(?)見(?)三(?)崑崙丘。地理志云：金城郡臨羌西北塞外有西王母石室、弱水、崑崙山祠。又云：敦煌郡廣至有崑崙障。史記正義引括地志云：崑崙山在肅州酒泉縣南八十里。説文：丘，以北以一。一，地也。中邦之居在崑崙東南。崑崙丘，古本[illegible]崑崙丘[illegible]類聚卷七引郭氏讚崑崙月精，水之靈府，惟帝下都，西是[illegible]惟帝之都——老之宇。嵥然中峙，號曰天柱。天帝都邑之在下者。穆天子傳：吉日辛酉，天子升于崑崙之丘，以觀黃帝之宮，而封豐隆之葬，以詒後世。[illegible]封于崑崙山之上。縣[illegible]今本穆天子傳作而封□隆之葬，[illegible]□[illegible]穆天子傳崑崙丘有黃帝之宮，以此推之，所謂黃帝之下都也。

西藏山經五篇凡若干言其中所咕天寶可考者之神話年人事之別
事之學圖事之圖附經皆不能考矣——窮矣
神陸居之圖之……是神地日天之九部及帝之圃
時……后為帝之下都……是日帝之百神……
阿耨出焉　出山東北隅山　鄧中部之東南出崑崙墟色
出日北東南流　日中貫流沒滑入河圖之其中山出其色漸深
入中國為河　而南流注鄧水東流于無達（山名）鄧舊說于達靡
山北流注于南為天末后合阿耨大水　阿耨達山阿耨達言年
於是大水北派注字蘭海中焉　釋氏西域記曰阿耨達山在

赤水出焉 出山東南隅 懿行案：莊子天地篇黃帝遊

乎赤水之北，登乎崑崙之丘，李善注……

圖云：崑崙有五色水，赤水之氣上蒸為……而東南流注于汎天

霞。案赤水上有三珠樹，見海外南經。

之水 汎天亦山名，赤水所窮也。穆天子傳曰：遂宿于崑崙之阿，

赤水之陽……汎字劍及 懿行案：大荒南經云有

汎天之山，赤水窮焉。 洋水出焉 出山西北隅……

焉是。郭注恐非。

……水經注引此經作大……而西南流注于

……作養水……洋字之……

醜塗之水 醜塗亦山名也，出崑崙西南……懿行案……

……洋水……

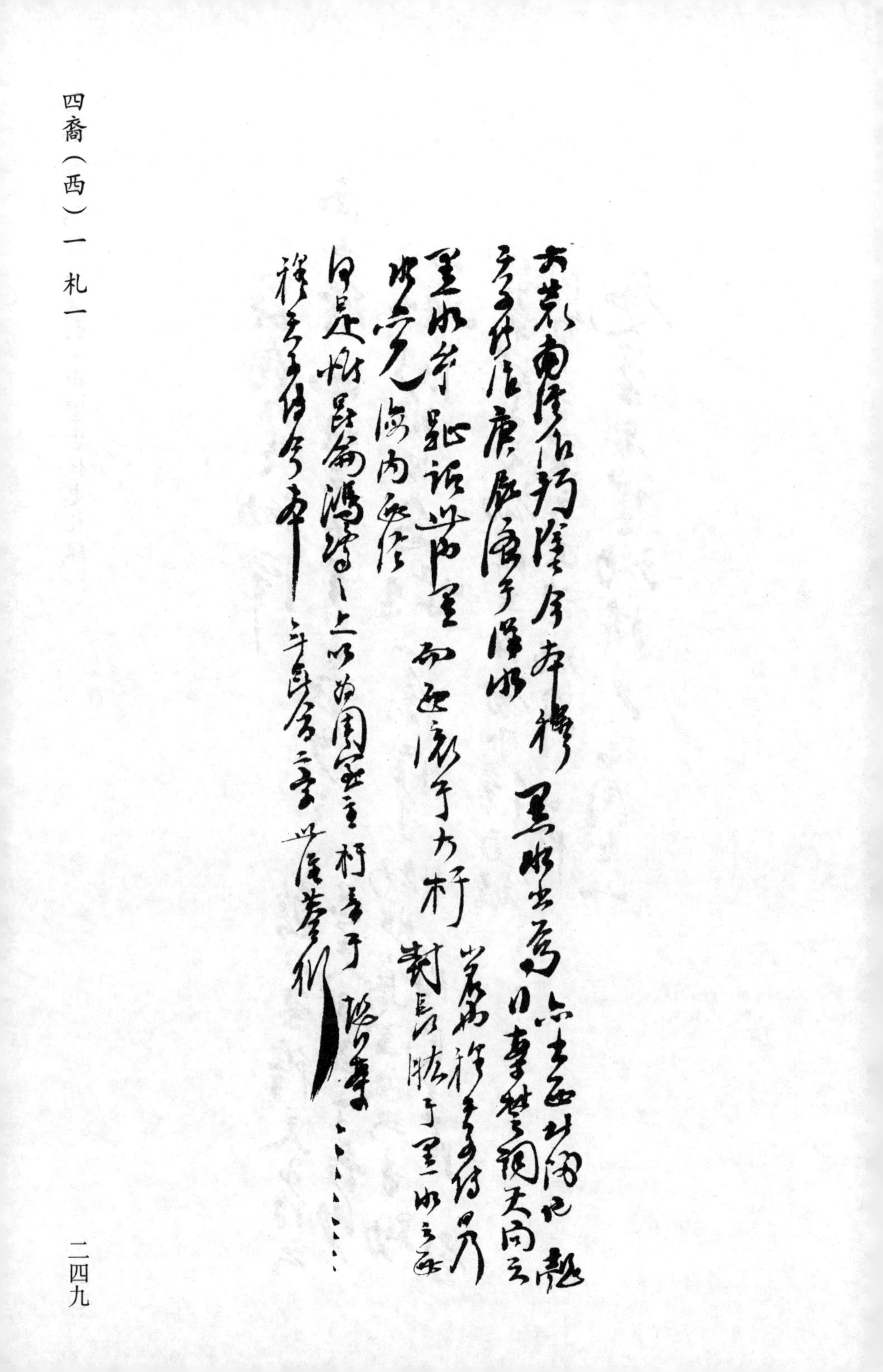

昆侖之泑澤

西山經西北三百里長沙之山懿行案穆天子傳云遂天子升于長沙之山即此

泚水出焉青北流注于泑水鳥[illegible]文青黝

即此嵒水色黑而懿

又案說文云泑澤在昆侖下讀與幼同……

同即下文云東望泑澤此也

勉案東望泑澤見不周之山

漢族起於部分雖東徙，然即其五衛道居西方者為多。據穆天子傳所載，有群玉之山，容成氏之所守，先王之所謂策府。有者鳥所在春山之西三百里。其先出自周宗，有長肱，封于黑水之阿，以為周室主。有季綽氏在黑水之阿，其先三苗之所處。三苗本漢族支（竊見□說）。群玉之山當系指今于闐一帶之山，言産玉石最多。春山疑即葱嶺。拜音黑水，今哈拉哈什也。又漢書敘述西域諸國云：自且末以往

の

邊春之山—春山—殆即葱嶺

山海經三、の圖

泑澤

穆傳三、西夏之瓜纑之山　又六夏敦

黃鼠之山

の

帝之密都——北望河曲

廣倍五之七頁青要之山

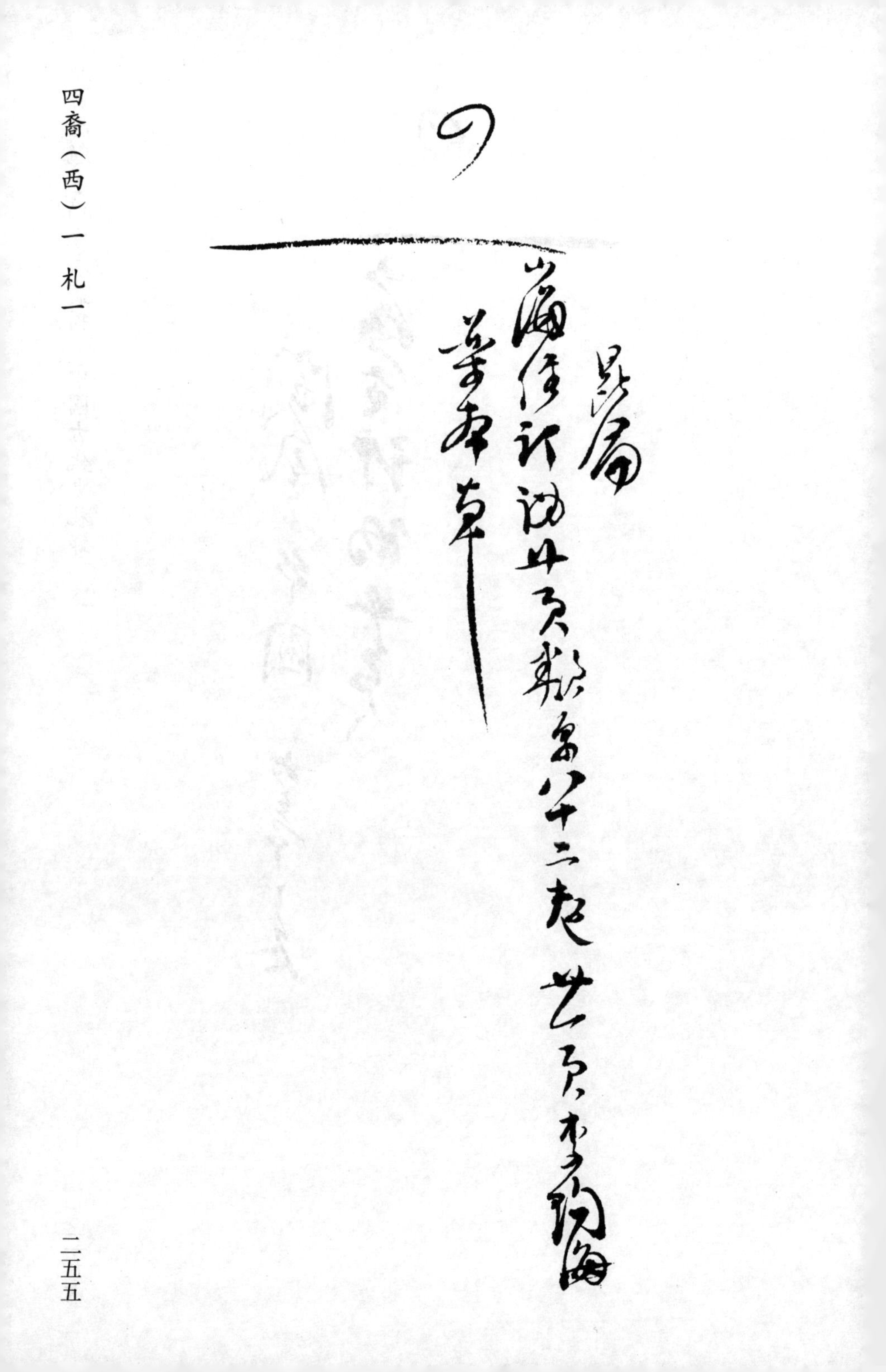

の

一

國風分國大事年表

讀詩劄記卅八

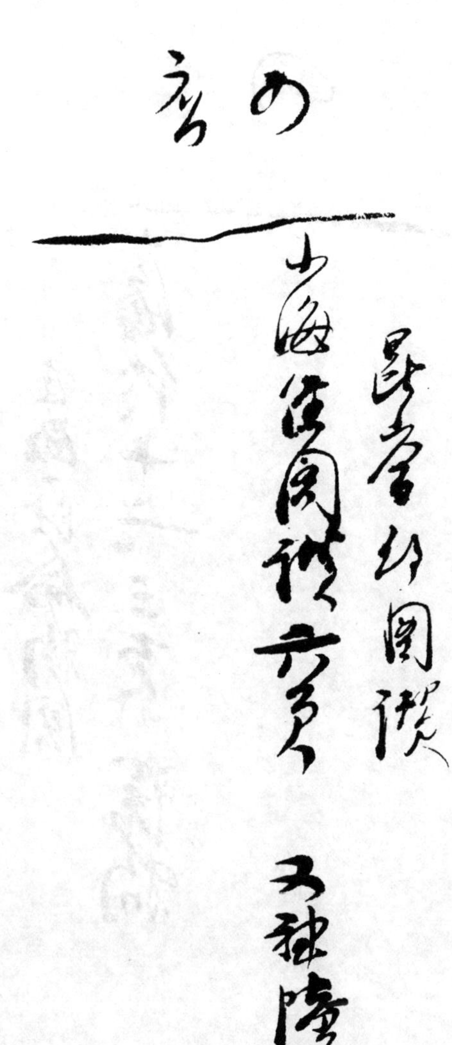

正西昆侖狗國

山海經十二、三頁 環狗

○一

昆侖虛—山東南方—昆侖

山海經六の頁

昆侖—海外

又八、二頁

又

又十六、二頁 海内

又—海内

又十六、三頁人至[illegible]參木

又十二、三頁崤の頁

又十三、一頁

崑崙

莊子大宗師：堪坏得之，以襲崑崙。

西王母

西王母得之，坐乎少廣，莫知其始，莫知其終。

禹益山海之書國不言九州
太史公論禹本紀言崑崙
以天文言則鄒衍言是

論衡十一談天篇

（地理）

銳上爲融○釋曰丘形再重而頂纖者名融丘也 **三成爲崐崘丘** 崐崘山三重故以名云 **疏** 三成爲崐崘丘○釋曰丘形三重者名崐崘丘○注崐崘山三重故以名云○釋曰崐崘山記云崐崘山一名崐丘三重高萬一千里是也凡丘之形三重者因取此名云耳 **如椉者椉丘** 形似車椉也或云椉者謂稻田塍埒○椉繩正切 **疏** 如椉者椉丘○釋曰郭氏兩解一云形似車椉也繩證切 二或云椉謂稻田塍埒

爾雅

隋帝墓—李皆名誌

當作十七五万人

積石之山—河水冒以西流

積石有二

山海經第二、二十五頁

の

一

赤水　黑水

流沙　昆侖丘　弱水　雷母

山海經十四、一至二頁　五十六、二頁　西北海之外　又兩

北海之外　青水　五十六、七頁　五九頁　五十七、八頁　五十六頁　到三

又の見

東極 南極 神處東極以出入風

海經十四、大荒之中葉 十五、三葉 南海渚

十葉

神處西北隅司日月之長短

海經十六、一頁

處西極以行日月星辰之行次

又十六、六頁

札一

泠綸

漢書律曆志 律十二……其傳曰黃帝之所作也黃帝使泠

綸自大夏之西昆侖之陰取竹之解谷孟康曰解脫也谷竹溝也取竹之脫無溝節者也一說昆侖之北谷名也晉灼曰取谷名是也生其竅厚均者斷兩節

間而吹之以為黃鐘之宮

石

較此志亦少異 木曰柷注連底揰之○揰之別本作動之 取竹之解谷生其竅厚均者注○臣浩按依孟康說應以取竹之解谷斷句生字連下文讀然於文義不順晉灼謂解谷爲谷名甚是但如晉說則之字當作往解亦與上文不順當以取竹之解谷生讀其竅厚均者句於文始順 注生而肉孔外內厚薄自然均者○監本孔字上脫肉字外內訛外肉今改正又截以爲筩

由函

小畊翁 足下

出使美日本紀赤道存筆西京 緘

乎南嬉歷唐堯於崇山兮過虞舜於九疑【正義】張云崇山狄山也海外經云狄山帝堯葬其陽九疑山零陵營道縣舜所葬處紛湛湛其差錯兮【索隱】湛音徒感反雜遝膠葛以方馳【索隱】廣雅云膠葛驅馳也騷擾衝蓯其相紛挐兮【索隱】衝音昌勇反蓯音息冗反滂濞泱軋灑以林離鑽羅列聚叢以蘢茸兮衍曼流爛壇以陸離【集解】徐廣曰壇音坦徑入雷室之砰磷鬱律兮洞出鬼谷之堀礨崴磈【集解】駰案漢書音義曰鬼谷在北辰下衆鬼之所聚也楚辭曰贅鬼谷於北辰【正義】堀口骨反礨力罪反崴烏廻反磈音回張云崛礨崴磈不平也徧覽八紘而觀四荒兮朅渡九江而越五河【正義】顏云五色之河也仙云紫碧絳青黃之河也經營炎火而浮弱水兮【正義】姚丞云大荒西經云昆侖之丘其外有炎火之山投物輒然括地志云弱水有二原俱出女國北阿傉達山南流合于國北又南歷國北東去一里深丈餘闊六十步非乘舟不可濟流入海阿傉達山一名昆侖山在雍州西南一萬五千三百七十里又云弱水在甘州張掖縣南山下杭絕浮渚而涉流沙【集解】駰案漢書音義曰杭船也絕渡也浮渚流沙中渚也奄息總極氾濫水嬉兮【集解】駰案漢書音義曰總極葱嶺山也在西域中使靈媧鼓瑟而舞馮夷【集解】徐廣曰媧一作蛤駰案漢書音義曰靈媧女媧也馮夷河伯字淮南子曰馮夷得道以潛大川【正義】姓馮名夷以庚日溺死河常以庚日好溺死人時若薆薆將混濁兮召屏翳【正義】應云屏翳天神使也韋云雷師也誅風伯【正義】張云風伯字飛廉而刑雨師【正義】沙州有雨師祠西望崑崙之軋【正義】張云海內經云崑崙去中國五萬里天帝之下都也其山廣袤百里高八萬仞增城九重面九井以玉爲檻旁有五門開明獸守之括地志云在崑崙肅州酒泉縣南八十里十六國春秋後魏昭成帝建國十年涼張駿酒泉太守馬岌上言酒泉南山即崑崙之體周穆王見西王母樂而忘歸即謂此山有石室王母堂珠璣鏤飾煥若神宮又刪丹西河名云弱水禹貢崑崙在臨羌之西即此明矣括地志云又阿傉達山亦名建末達山亦名崑崙山恆河出其南吐師子口經天竺入達山媯水今名爲滸海出書於西河北隅吐馬口經安息大夏國入西海黃海出東北隅吐牛口東北流經鹽澤潛出大積石山至華山北東入海其三河去山入海各三萬里此謂大崑崙肅州謂小崑崙也禹本紀云河出崑崙二千五百餘里日月所相隱避爲光明也湯洸忽兮直徑馳乎三危【集解】駰案三危山名也【正義】括地志云三危山在沙州東南三十里排閶闔而入帝宮兮【正義】韋昭云閶闔天門也淮南子曰西方曰西極之山閶闔之門載玉女而與之歸【正義】張云玉女青要桑弋等也舒閬風而搖集兮【正義】張云閬風在崑崙閶闔之中楚辭云登閬風而緤馬也亢烏騰而一止【集解】駰案漢書音義曰亢然高飛如烏之騰也低回陰山翔以紆曲兮【正義】張云陰山在崑崙西二千七百里吾乃今目睹西王母皬然白首【集解】徐廣曰皬音下沃反【索隱】皬音鶴【正義】張云西王母其狀如人豹尾虎齒蓬髮皬然白首石城金穴於其中戴勝而穴處兮【集解】郭璞曰勝玉勝也【正義】顏云勝婦人首飾也漢代謂之華勝亦幸有三足烏爲之使【正義】張云三足烏青鳥也主爲西王母取食在崑崙之北必長生若此而不死兮雖濟萬世不足以喜回車朅來兮絕道不周【集解】駰案漢書音義曰不周山在崑崙東南會食幽都呼吸沆瀣飡朝霞

史記司馬相如傳大人賦

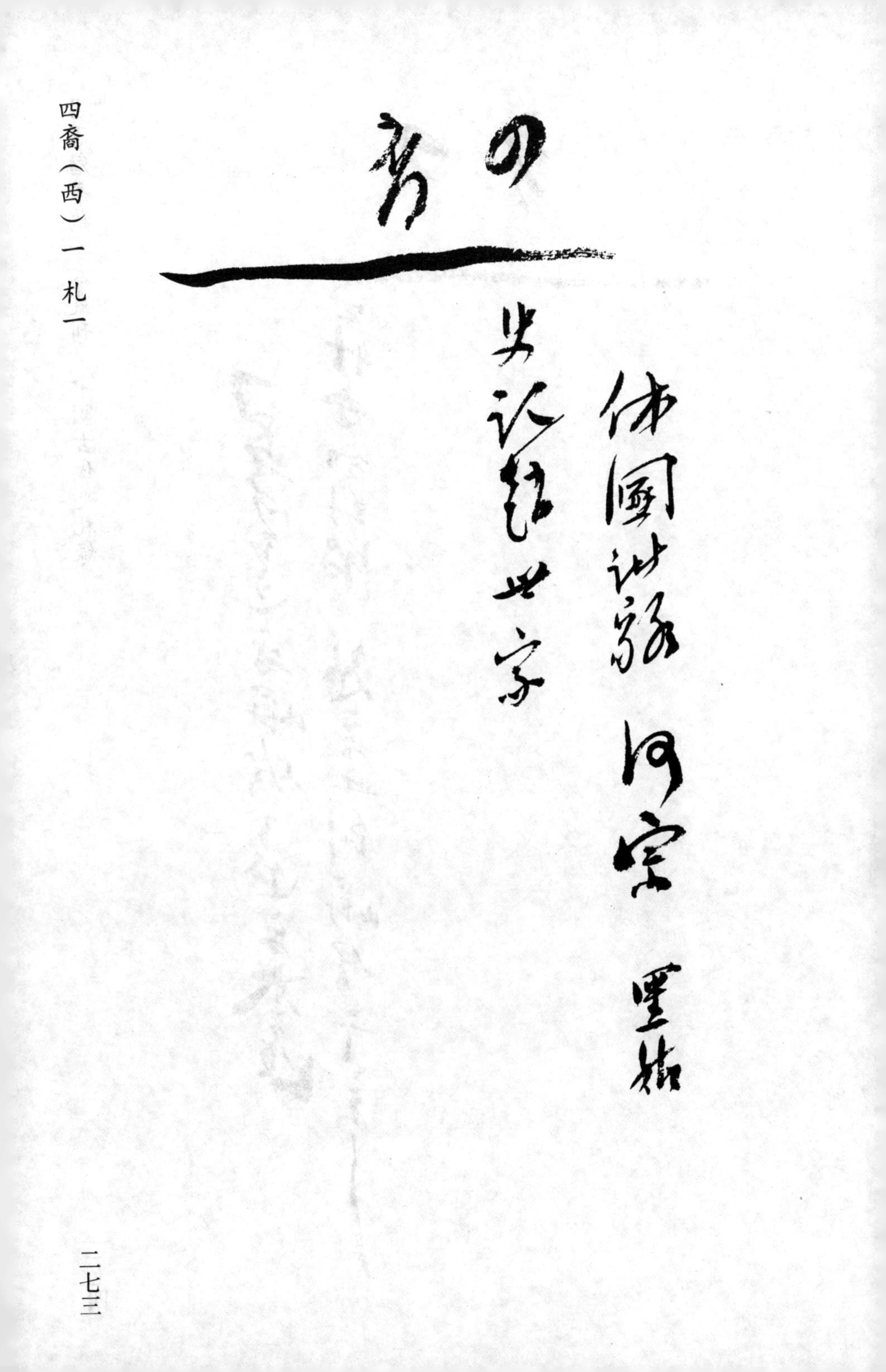

裔の

昆山之玉

秦所以裔遣趙生於[illegible]踰句注斬常山而守

之三百里而通推燕代馬胡犬不東下昆山之玉

不出此三寶者亦非王有也已

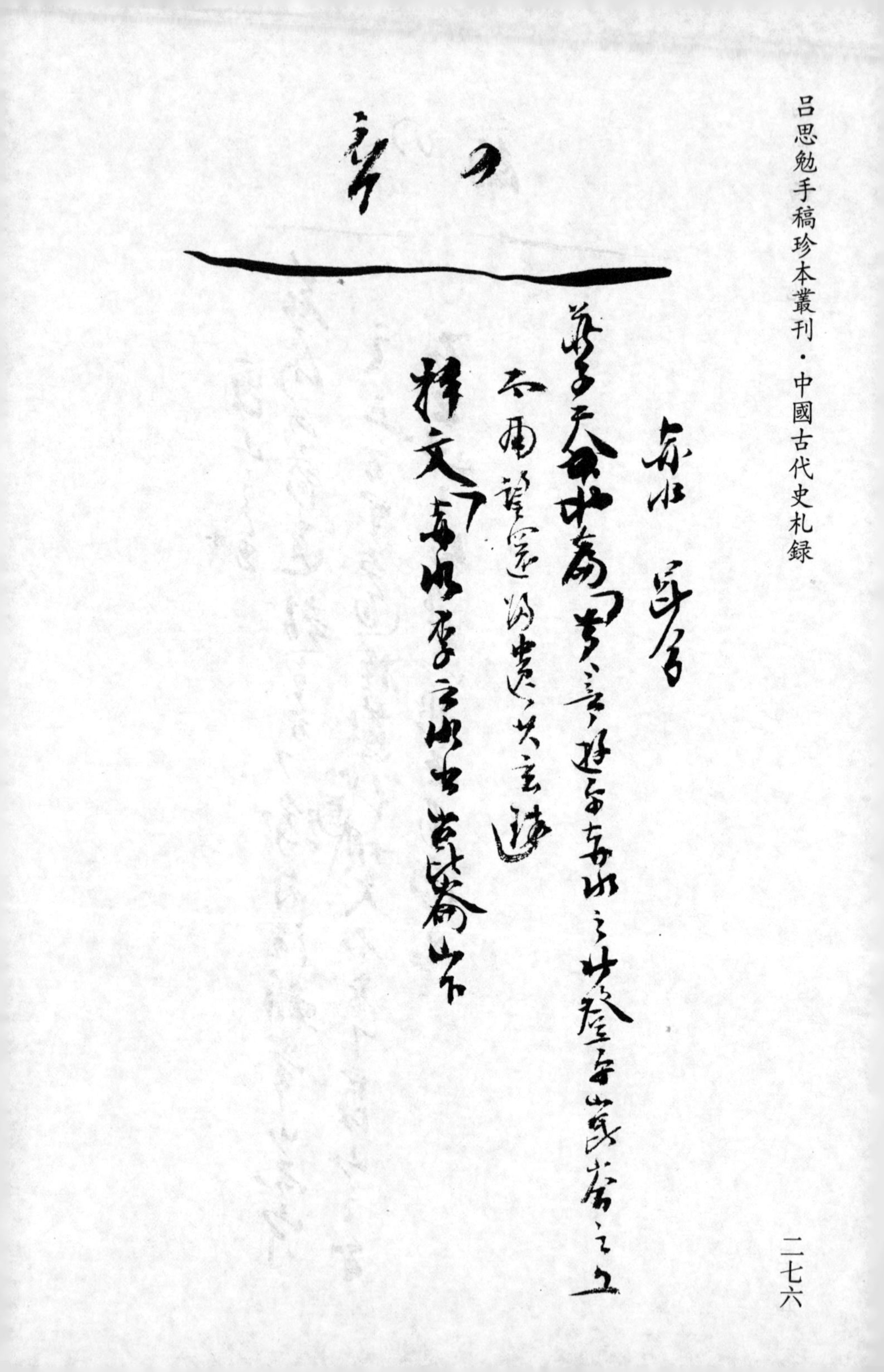

[illegible]

第の

卧命

從兩晉南北朝三頁錄晉隋畧

日記以補十三頁一、二、三從古晉略一、二、三、L

昆侖析支渠搜

織皮崐崘析支渠搜西戎即敘織皮毛布有此四國在荒服之外流沙之內羌髳之屬皆就次敘美禹之功及戎狄也○崘盧門反馬云崐崘在臨羌西析星歷反馬云析支在河關西搜所由反漢書志朔方郡有渠搜縣武紀云北發渠搜是也髳音謀又音毛西戎國名疏傳織皮至戎狄也○正義曰四國皆衣皮毛故以織皮冠之傳言織皮毛布有此四國崐崘也析支也渠也搜也四國皆是戎狄也末以西戎摠之此戎在荒服之外流沙之內牧誓云武王伐紂有羌髳從之此是羌髳之屬禹皆就次敘美禹之功還及戎狄故記之也鄭玄云衣皮之民居此崐崘析支渠搜三山之野者皆西戎也王肅云崐崘在臨羌西析支在河關西西戎西域也王肅不言渠搜鄭併渠搜爲一孔傳不明或亦以渠搜爲一通西戎爲四也鄭以崐崘爲山謂別有崐崘之山非河所出者也所以孔意或是地名國號不必爲山也

渠搂

宋方岳端午下了渠搂為時來獻

叢刊

公孫弘卜式兒寬傳第二十八

公孫弘菑川薛人也少時爲獄吏有罪免家貧牧豕海上年四十餘乃學春秋雜說武帝初即位招賢良文學士（宋祁曰士字上疑有之字）是時弘年六十以賢良徵爲博士使匈奴還報不合意（師古曰奏事不合天子之意）上怒以爲不能弘乃移病免歸（師古曰移病謂移書言病也一曰以病移居）元光五年復徵賢良文學菑川國復推上弘弘謝曰前已嘗西用不能罷願更選國人固推弘弘至太常上策詔諸儒制曰蓋聞上古至治畫衣冠異章服而民不犯陰陽和五穀登六畜蕃（師古曰登成也蕃多也音扶元反）甘露降風雨時嘉禾興朱屮生（師古曰屮古草字）山不童澤不涸（師古曰童無草木也涸水竭也音胡各反）麟鳳在郊藪龜龍游於沼（師古曰邑外謂之郊澤無水曰藪沼池也）河洛出圖書父不喪子兄不哭弟北發渠搜南撫交阯（師古曰言威德之盛北則徵發于渠搜南則綏撫於交阯也渠搜遠夷之國也）舟車所至人迹所及跂行喙息咸得其宜（師古曰跂行有足而行者也喙息謂有口能息者也跂音岐喙音許穢反）朕甚嘉之今何道而臻乎此（師古曰臻至也）子大夫修先聖之術明君臣之義講論洽聞有聲乎當世敢問子大夫天人之道何所本始吉凶之效安所期焉（師古曰安焉也）禹湯水旱厥咎何由仁義禮知四者之宜當安設施屬統垂業物鬼變化（師古曰屬繫也音之欲反其下亦同）天命之符廢興何如天文地理人事之紀子大夫習焉其悉意正議詳具其對著之于篇（師古曰悉盡也篇簡也）朕將親覽焉靡有所隱弘

儀

修德是人人所以對齊除之

說苑修文篇言禮修修身

清

崑崙

莊子至樂：支離叔與滑介叔觀于冥伯之丘（釋文李云丘名喻杳冥也）崑崙之虛黃帝之所休

隋

阮隃||畢命

古書轉義學例 以讀音定本字例

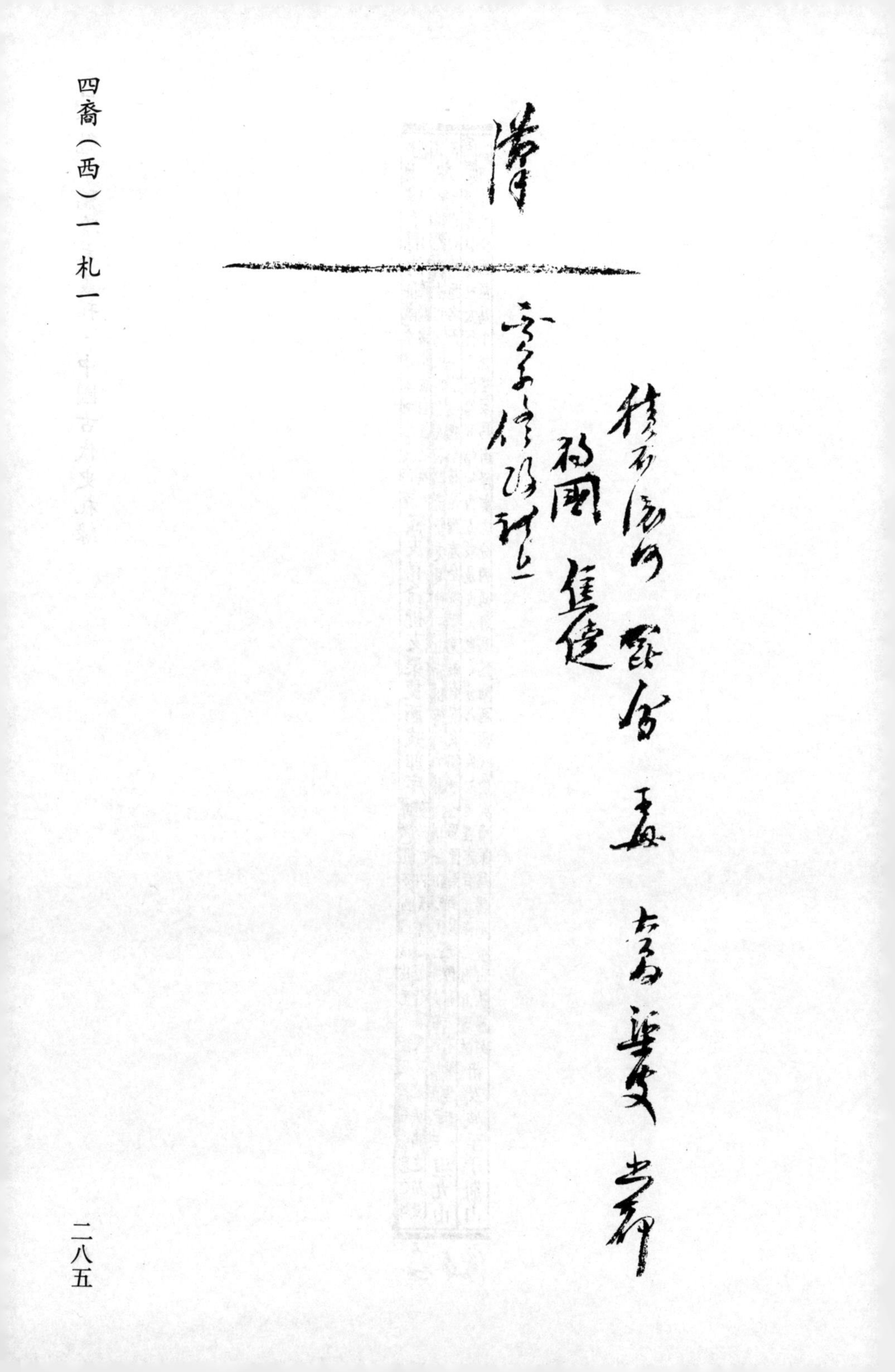

州地也 會于渭汭【正義】水經云河水又南至潼關渭水從西注之地 織皮昆侖析支渠搜西戎卽序【集解】孔安國曰織皮毛布此四國在荒服之外流沙之內羌髳之屬皆就次序之美禹之功及戎狄也【索隱】鄭玄以爲衣皮之人居昆侖析支渠搜三山皆西戎王肅曰昆侖在臨羌西析支在河關西西戎西域王肅以爲地名而不言渠搜今按地理志金城臨羌縣有昆侖祠敦煌廣至縣有昆侖障朔方有渠搜縣 道九山【索隱】汧壺口砥柱太行西傾熊耳嶓冢內方岐是九山也古分爲三條故地理志有北條之荊山馬融以汧爲北條西傾爲中條嶓冢爲南條鄭玄分四列汧爲陰列西傾次陰列嶓冢爲陽列岐山次陽列 汧及岐至于荊山

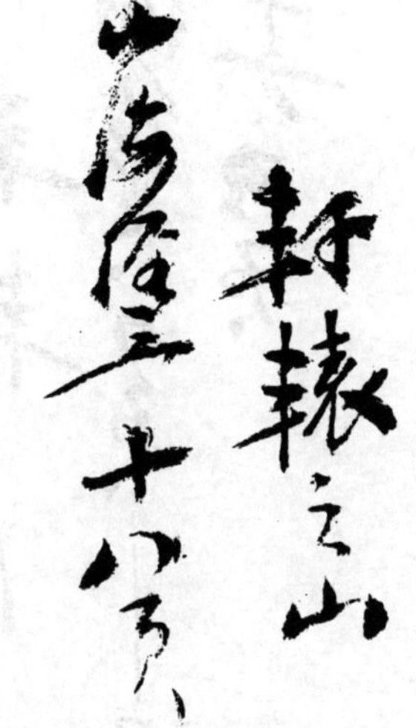
軒轅之山

軒轅之國

山海經七、四頁——又窮山条

五十六、五頁

軒轅之丘——黄帝居此邱

里如

山海經二　第頁

方士

西極化人

列子周穆王篇

勉案此言神游云云……下文言……知

穆王西巡　居苑　卧宫　甚……王母

勉案此篇所言與傳者同然云……則穆王……神

注亦云……

周穆王西巡狩　又說同篇周穆王西巡狩……

列子湯問篇

周穆王大征西戎、、獻火浣布……

同篇末節……

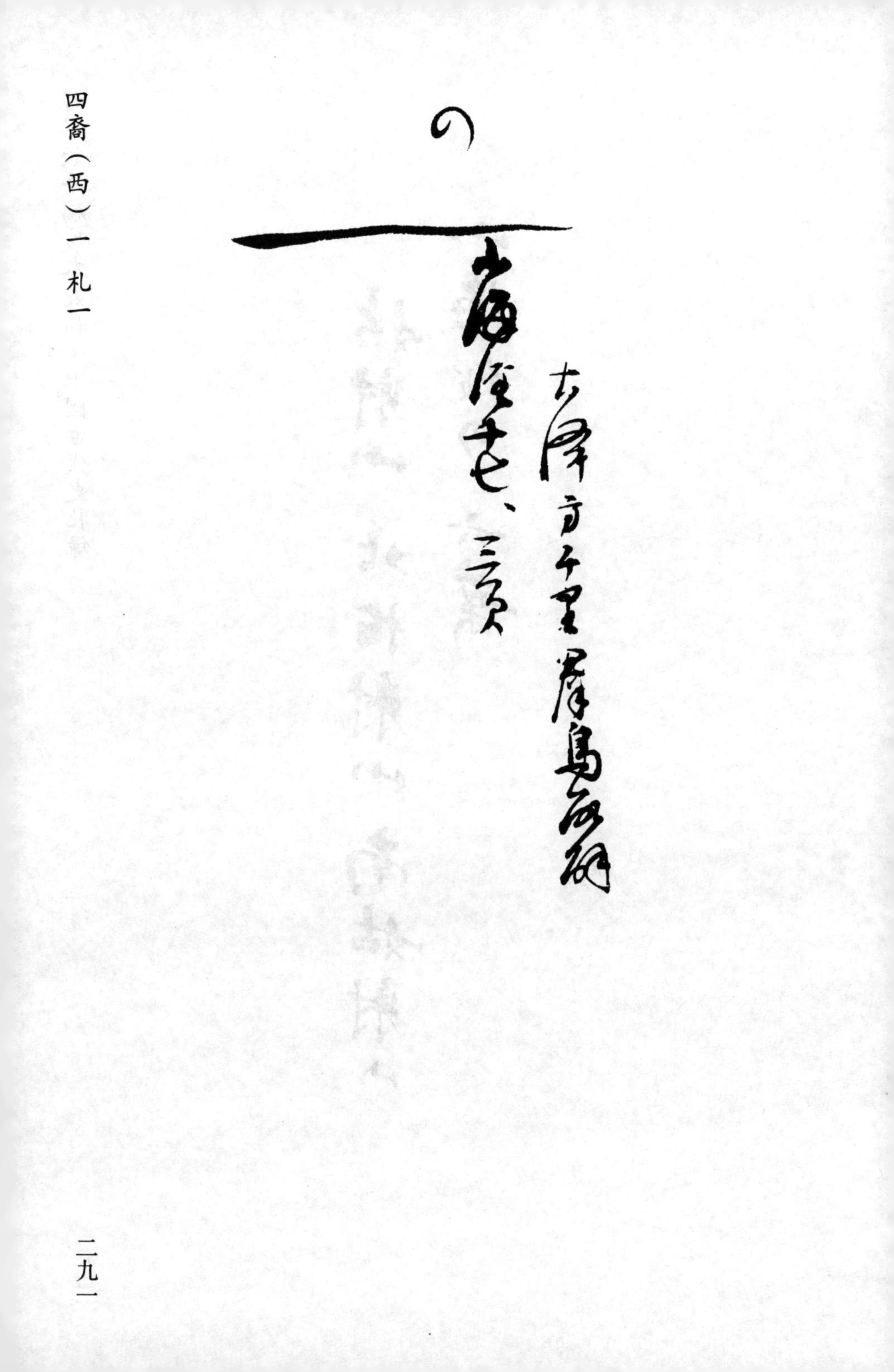

姑射山 北姑射山 南姑射山

山海经の六葉

渤山——鞨即蒙古極北

山海經第二卅八葉

渤北

山海經卷三第一百八

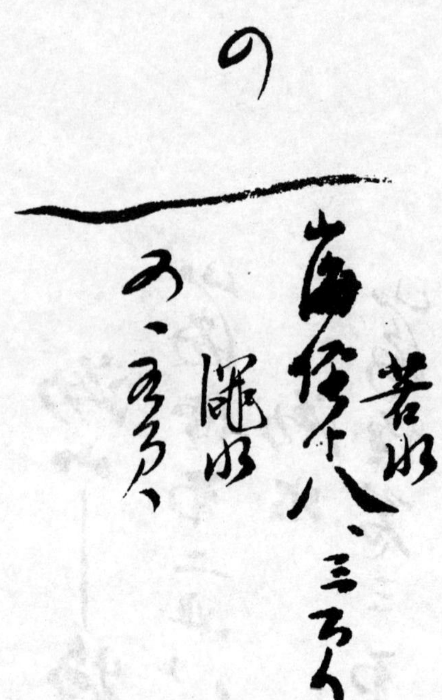

の

崦嵫山　若水一即清盤水

山海經二一冊三頁

西極壽麻之國古者不可往

商務本六二八頁

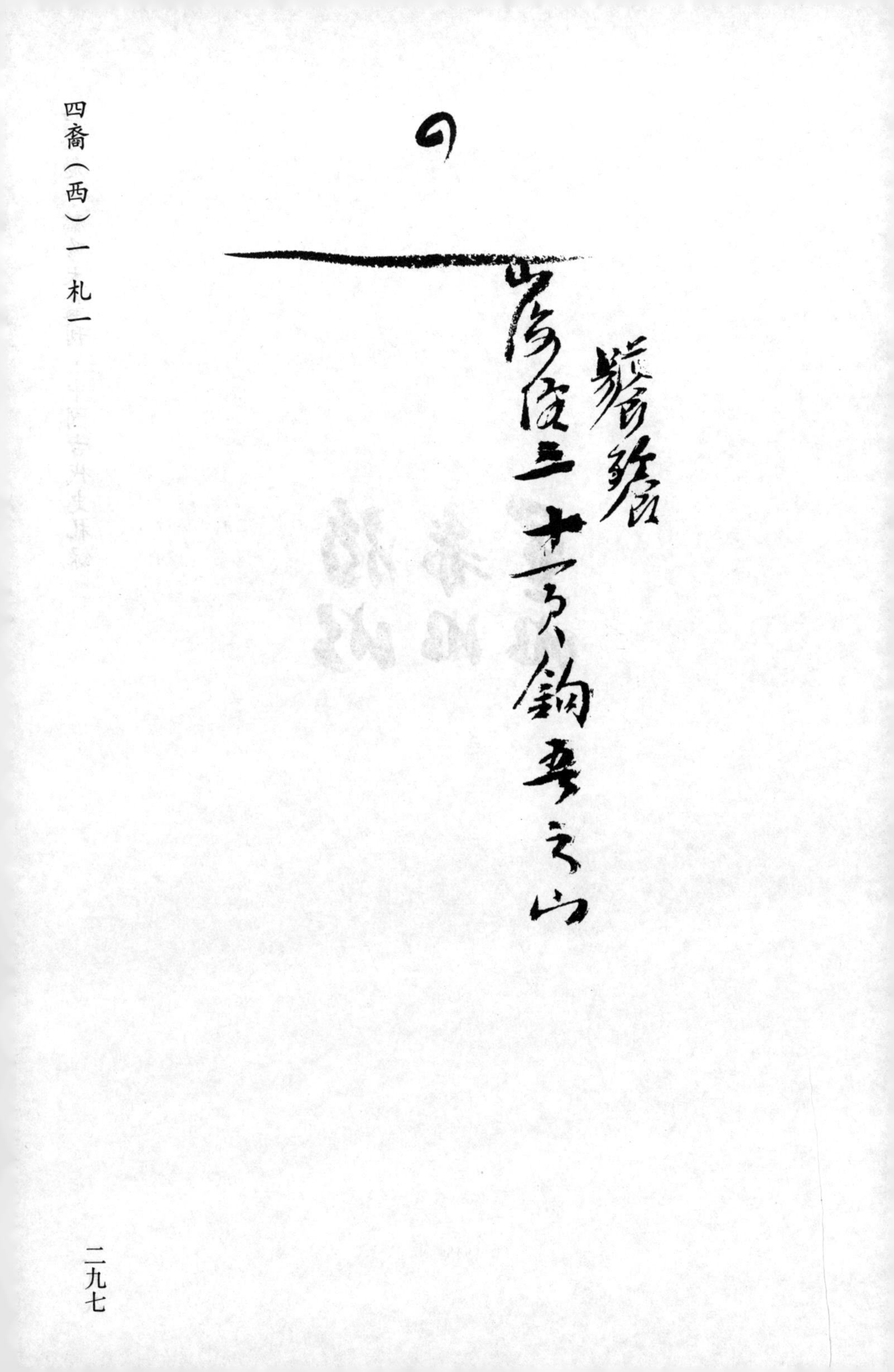

婺州

泰州

[illegible]州

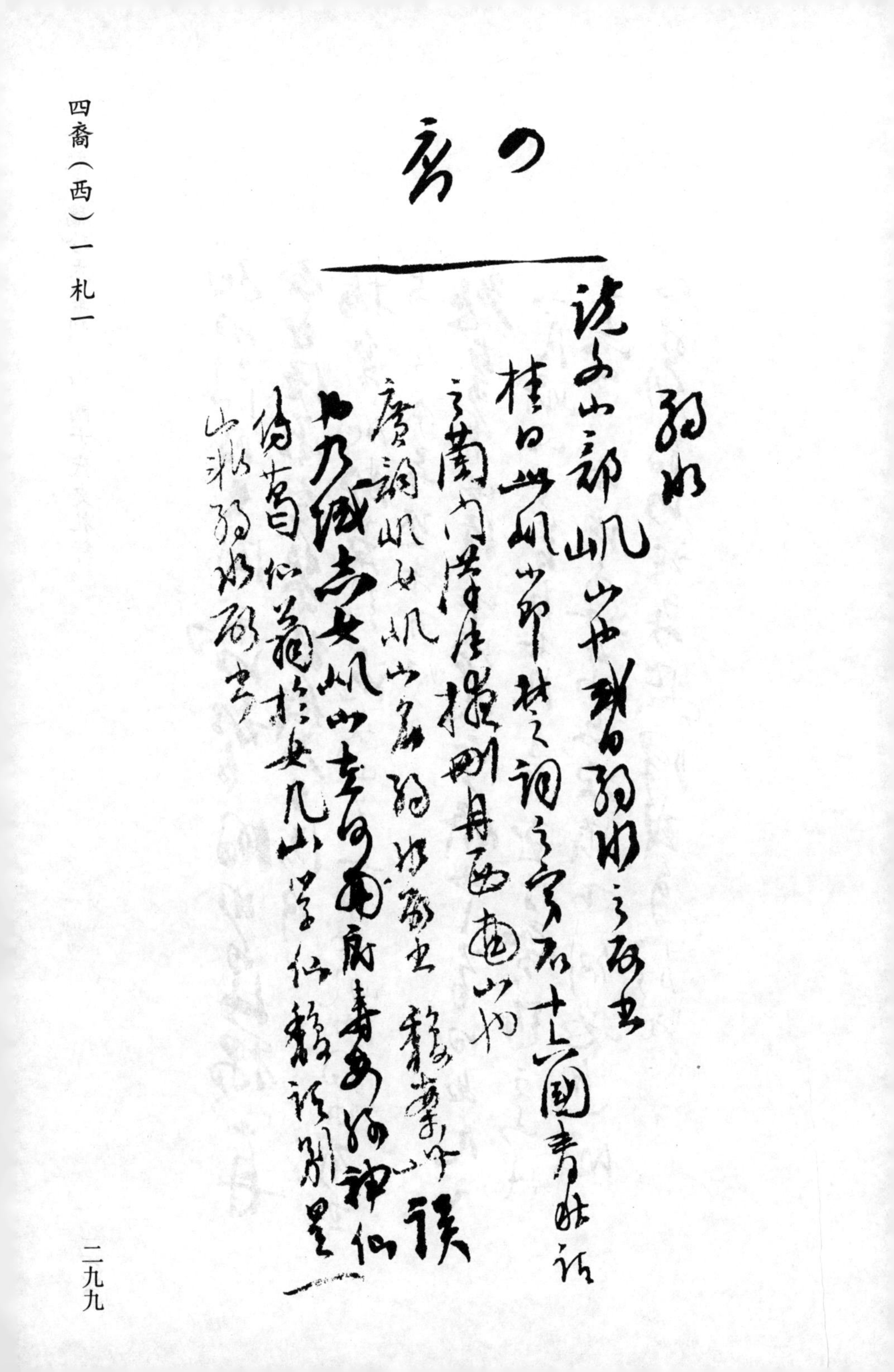

[illegible]

説明韻語之關係言之詳明明白此類者
要皆經學今學家修改入于經[illegible]
梅[illegible]論[illegible][illegible]之說文山名一曰岷如岷山即南[illegible]
與今本異證一書可以
勉案中山經中次九經岷山之首曰女几之
山岷山之首曰女几之山至于賈超之山凡
十六山而說文云[illegible][illegible]亦次岷山則[illegible]爲[illegible]岷
山經則稱岷山爲[illegible]此[illegible]

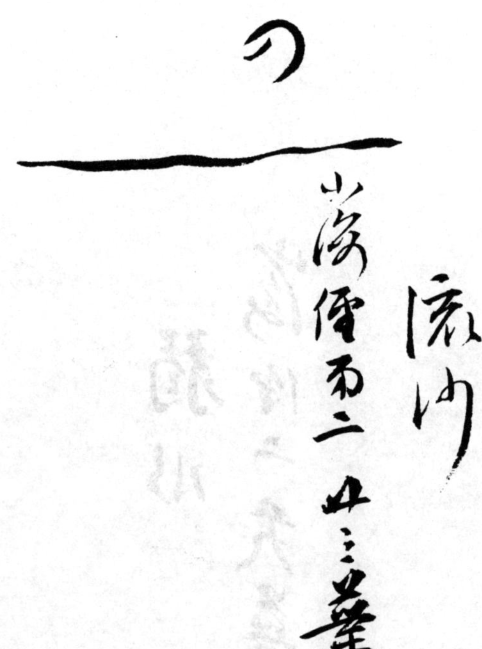

弱水

崑崙二考藁

翁收
山海經十、の又窫窳 有木
紀年窫窳見十一、一万人
又十一、万人
羽田圖讃
在卅万人

の

廣州

卷十一、二頁

閩嘉廣西外比

又十三、一頁

沈河閩讀頁

又同讀共七頁

記の

赤水

南岸　南源二條之首曰根山　鐘　臨　西藏貴　獻門東印流

貴辛人國也

見圖此望洪　白此東望長者　此山名　都門東　英水出

內合　洪闕此長右決見下

為西南流注于赤水此外　多白玉　多丹粟　櫻丹

河水出焉東流　總東北注于　余藥之

上人得丹河此御圖　都賦之芸　饒丹粟……

東南の百五十里曰長枝之山　長右　長右

草木多水　有藪焉　如　の其　長

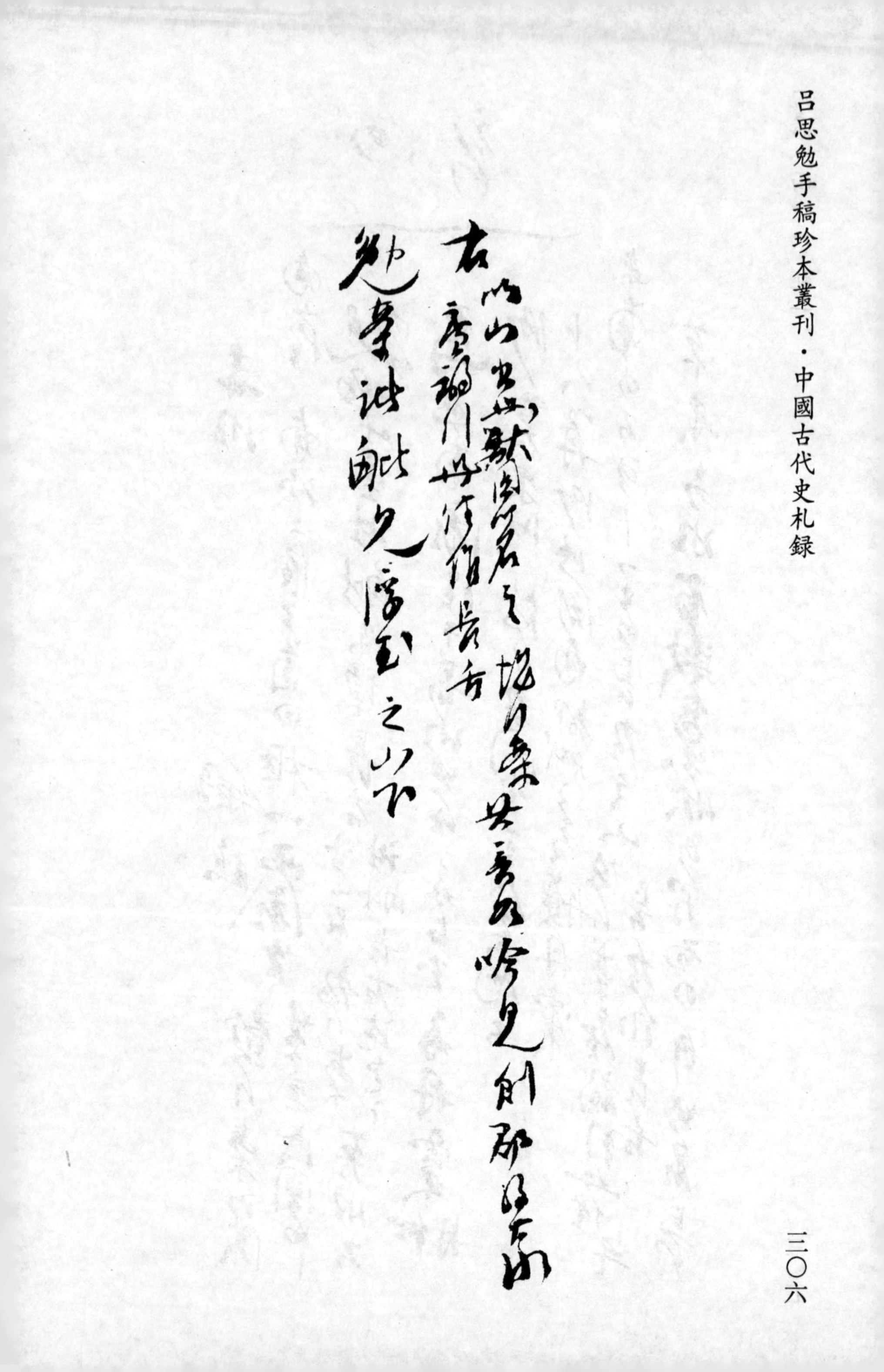

右以上鳥獸蟲魚各之 擬以象其意以見[illegible][illegible][illegible][illegible]

[illegible][illegible]川毋得作長者

勉學[illegible][illegible][illegible][illegible]之心

赤水

西山經西南二百里曰鳥危之山……鳥危之水出焉西流注于赤水其中多丹粟

[illegible]案南山經柜山多丹粟郭注細丹沙如粟也

……又西南三百里曰皇人之山……皇水出焉西流注于赤水其中多丹粟

又西三百里曰中皇之山……

又西三百五十里曰西皇之山……

黑水西河惟雍州西距黑水東據河龍門之河在冀州西○雍於用反疏雍州○傳西距至州西○正義曰禹治豫州乃次梁州自東向西故言梁州之境先以華陽而後黑水從梁適雍自南向北故先黑水而後西河計雍州之境被荒服之外東不越河而西踰黑水王肅云西據黑水東距西河所言得其實也徧檢孔本皆云西距黑水東據河必是誤也又河在雍州之東而謂之西河者龍門之河在冀州西界故謂之西河王制云自東河至於西河千里而近是河相對而為東西也

在其西北餘波入于流沙弱水餘波西溢入流沙○溢音逸導黑水至于三危入于南海黑水自北而南經三危過梁州入南海疏傳黑水至南海○正義曰地理志益州郡計在蜀郡西南三千餘里故滇王國也武帝元封二年始開為郡郡內有滇池縣縣有黑水祠止言有其祠不知水之所在鄭云今中國無也傳之此言順經文耳案酈元水經黑水出張掖雞山南流至燉煌過三危山南流入于南海然張掖燉煌並在河北所以黑水得越河入南海者河自積石以西皆多伏流故黑水得越而南也

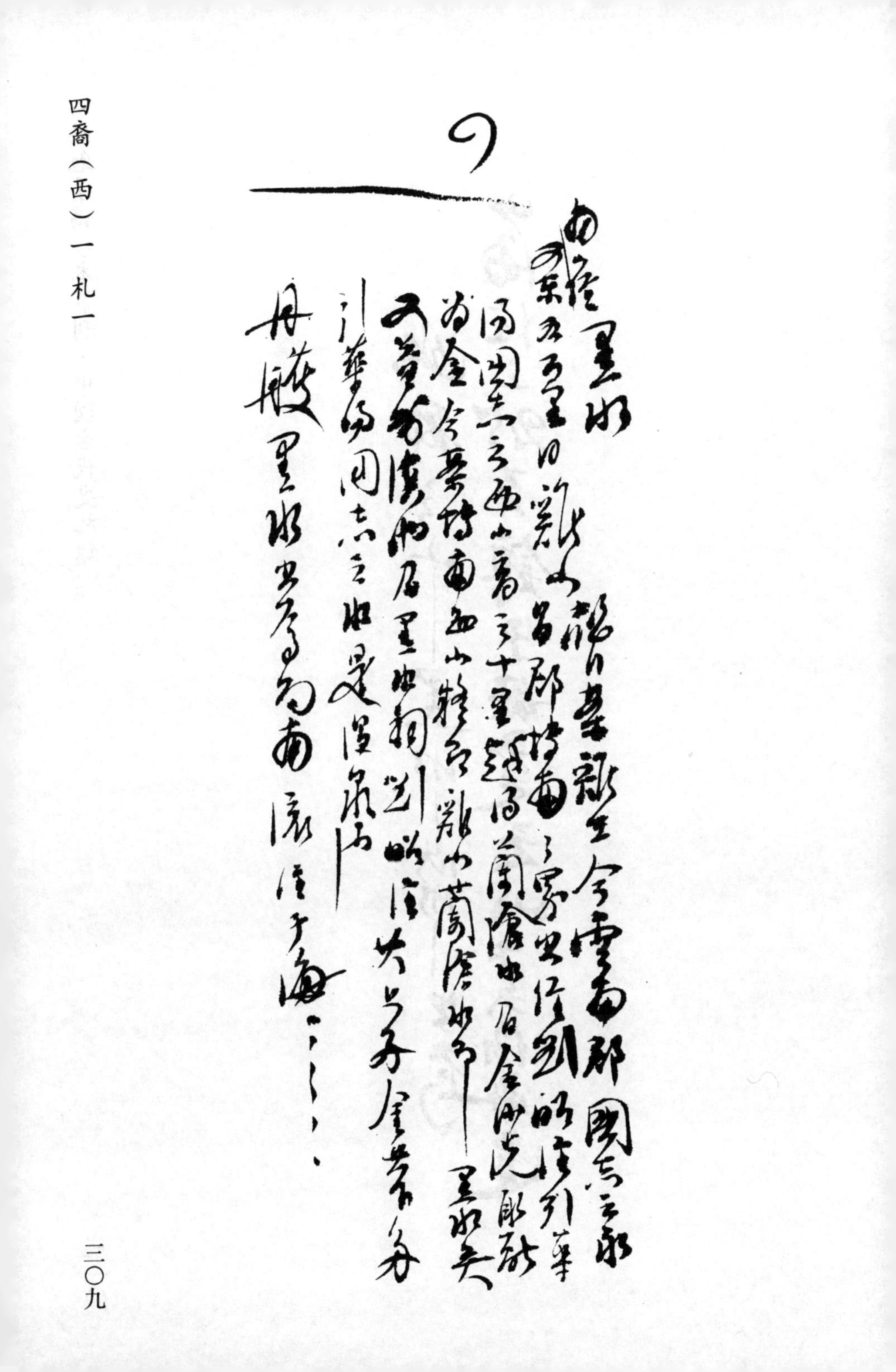

由[illegible]里收　[illegible][illegible]甚難生今雪南郡國之之[illegible]

英京至里日前[illegible]此[illegible]當郡[illegible]南之[illegible][illegible]到[illegible][illegible]刊華

[illegible]同[illegible]之西山者之十里[illegible][illegible]蘭[illegible]收及金[illegible][illegible]郎[illegible]

[illegible]全今[illegible][illegible]南西山[illegible][illegible][illegible]蘭[illegible]收[illegible]一里收矣

又[illegible]有[illegible][illegible]及里收相[illegible][illegible][illegible]大[illegible][illegible]全[illegible][illegible]

[illegible][illegible][illegible]同[illegible]之收[illegible][illegible][illegible][illegible]

丹[illegible]里收[illegible][illegible][illegible]南[illegible][illegible][illegible]海

幽都之山—黑水—幽水—出焉

山海經三275頁錞于毋逢之山下文作無逢

三危之山

山海經第二 廿七頁

の

言書一段讀句

應從閱讀黄

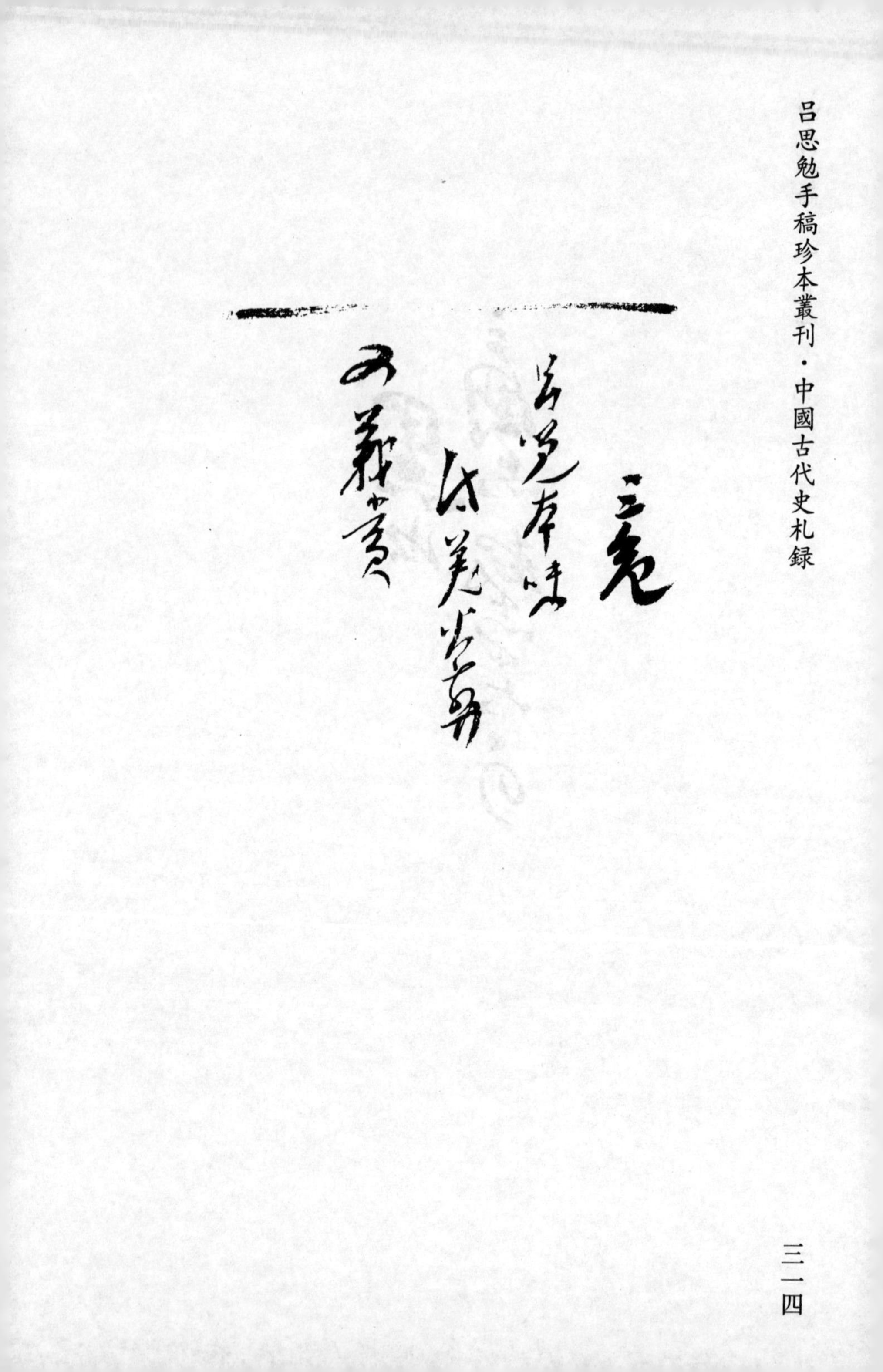

三倉

[illegible]

三危

三危既宅三苗丕敘西裔之山已可居三苗之族大有次敘美禹之功。丕普悲反**疏**傳西裔至之功。正義曰左傳稱舜去四凶投之西裔舜典云竄三苗於三危是三危爲西裔之山也其山必是西裔未知山之所在地理志杜林以爲燉煌郡即古瓜州也昭九年左傳云先王居檮杌於四裔故允姓之姦居于瓜州杜預云允姓之祖與三苗俱放於三危瓜州今燉煌也鄭玄引地記書云三危之山在鳥鼠之西南當岷山則在積石之西南地記乃妄書其言未必可信要知三危之山必在河之南也禹治水未已竄三苗水災既除彼得安定故云三危之山已可居三苗之族大有次敘記此事以美禹治之功也

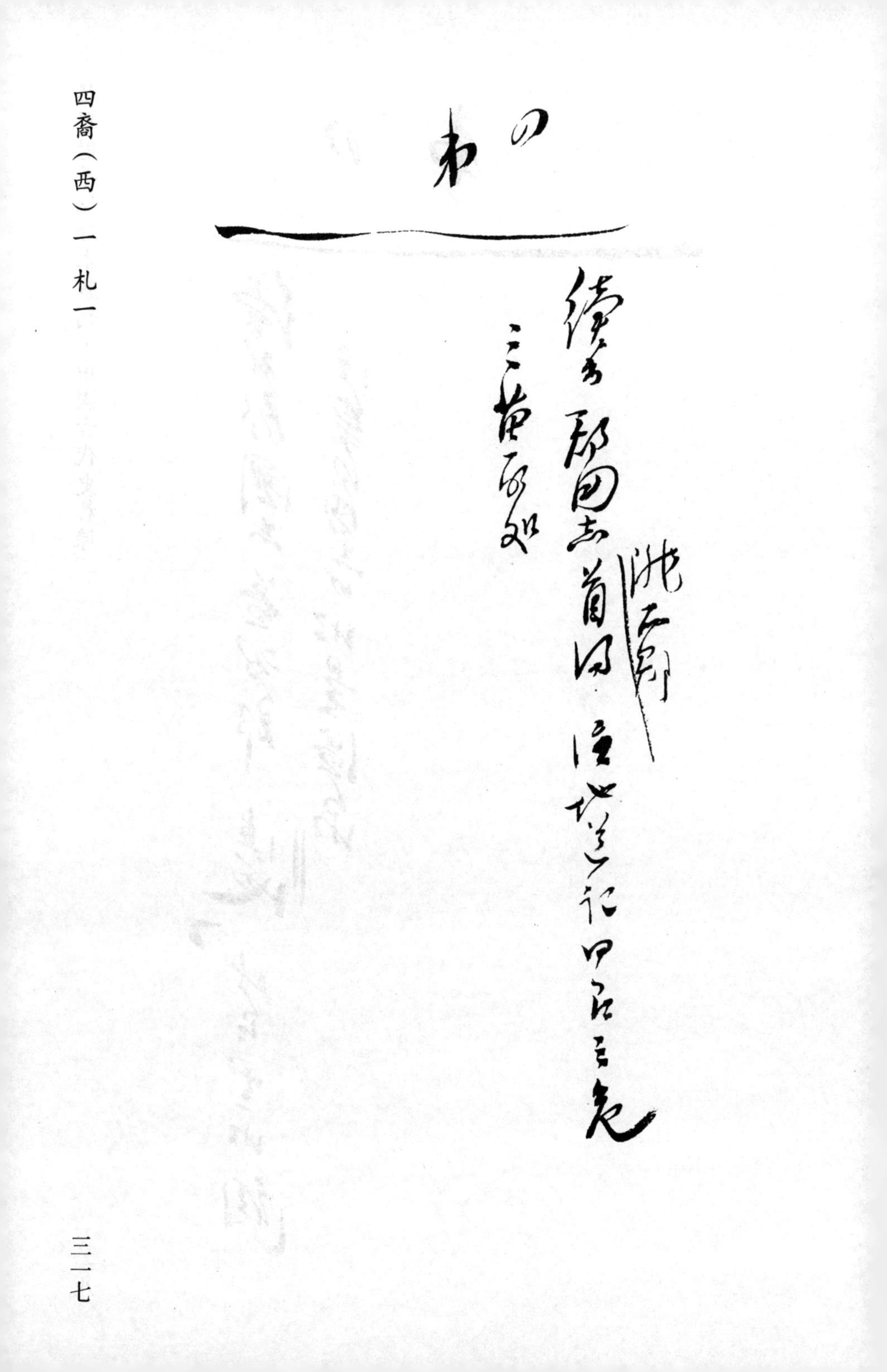

弟四

儒家國家、家族道〉此皆宜以詞

注筆以國書以是區別

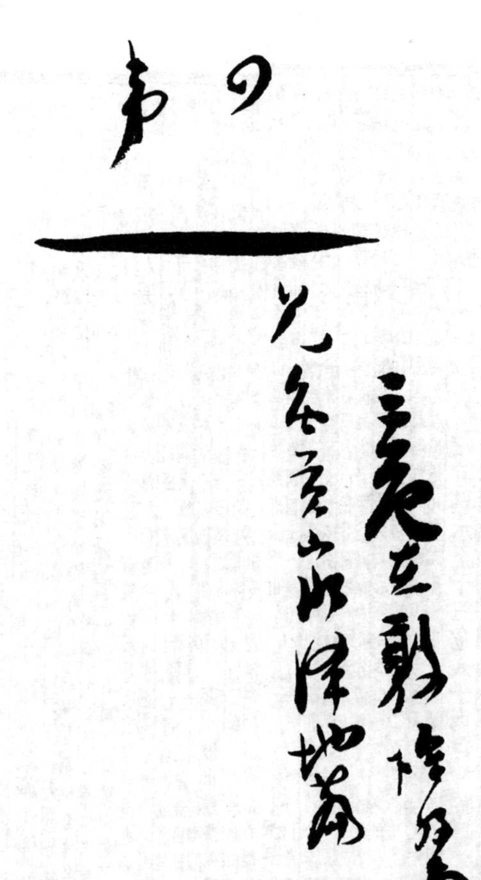

【集解】孔安國曰治玉石曰錯治磬錯也 浮於雒達於河華陽黑水惟梁州【集解】孔安國曰東據華山之南西距黑水【正義】括地志云黑水源出梁州城固縣西北太山 汶嶓既蓺【集解】鄭玄曰地理志岷山在蜀郡湔氐道嶓冢山在漢陽西【索隱】汶一作嶓又作岐山封禪書一云瀆在蜀都湔氐道西徼江水所出嶓冢山在隴西西縣漢水所出也【正義】括地志云岷山在岷州溢洛南一里連綿至蜀二千里皆名岷山嶓冢山在梁州金牛縣東二十八里蒲音子戾反戶百丁奚反 沱涔既道【集解】孔安國曰沱涔發源此州入荊州 蔡蒙旅平【集解】孔安國曰蔡蒙二山名祭山曰旅平言治功畢也鄭玄曰地理志蔡蒙在漢嘉縣【索隱】此非蔡山之蒙在蜀郡青衣縣後改爲漢嘉蔡山不知所在也【正義】括地志云蒙山在雅州嚴道縣南十里 和夷底績【集解】馬融曰和夷地名也 其土青驪【集解】孔安國曰色青黑也 田下上賦下中三錯【集解】孔安國曰田第七賦第八雜出第七第九三等 貢璆鐵銀鏤砮磬【集解】孔安國曰璆玉名鄭玄曰黃金之美者謂之鏐鏤剛鐵可以刻鏤也 熊羆狐狸織皮【集解】孔安國曰貢四獸之皮織皮今罽也 西傾因桓是來【集解】馬融曰治西傾山因桓水是來言無餘道也鄭玄曰地理志西傾山在隴西臨洮【索隱】桓水出蜀郡岷山西南行羌中入海也【正義】括地志云西傾山今彊臺山在洮州臨洮縣西南三百三十六里 浮于潛踰于沔【集解】孔安國曰漢上水爲沔鄭玄曰或謂漢爲沔 入于渭亂于河【集解】孔安國曰正絕流曰亂 黑水西河惟雍州【集解】孔安國曰西距黑水東據河龍門之河在冀州西【索隱】地理志益州滇池有黑水祠鄭玄引地說云三危山黑水出其南山海經黑水出崑崙墟西北隅也 弱水既西【集解】孔安國曰導之西流至于合黎鄭玄曰衆水皆東此獨西流也【索隱】水經云弱水出張掖刪丹縣西北至酒泉會水縣入合黎山腹山海經云弱水出崑崙墟西南隅也 涇屬渭汭【集解】孔安國曰屬逮也水北曰汭言治涇水入于渭也鄭玄曰地理志涇水出安定涇陽【索隱】渭水出首陽縣鳥鼠同穴山說文云水相入曰汭【正義】括地志云岷山在茂州汶川縣衡山在衡州湘潭縣西四十一里 過九江至于敷淺原【集解】徐廣曰淺一作滅駰案國語曰敷淺原一名博陽山在豫章 道九川【索隱】弱黑河漾江沇淮渭洛爲九州 弱水至于合黎【集解】鄭玄曰地理志弱水出張掖會水縣東北鄭玄引地說亦以爲然孔安國曰合黎水名在流沙東【索隱】水經云合黎山在酒泉會水縣東北【正義】括地志云蘭門山一名合黎一名窮石山在甘州刪丹縣西南七里淮南子云弱水源出窮石山又云合黎一名羌谷水一名鮮水一名覆表水今名副投河亦名張掖河南自吐谷渾界流入甘州張掖縣今按合黎水出臨松山東而北流歷張掖故城下又北流經張掖縣二十三里又北流經合黎山折而北流經流沙磧之西入居延海行千五百里合黎山張掖縣西北二百里也 餘波入于流沙【集解】孔安國曰弱水餘波西溢入流沙鄭玄曰地理志流沙居延西北名居延澤地記曰弱水西流入合黎山腹餘波入于流沙通於南海案酈元云合黎流沙是地名【索隱】地理志張掖居延縣西北有居延澤古文以爲流沙廣志流沙在玉門關外有居延澤居延城又山海經云流沙出鍾山西南行昆侖墟入海按是地兼有水故一云地名一云水名馬鄭不同抑有由也 道黑水至于三危入于南海【集解】鄭玄曰地理志益州滇池有黑水祠而不記此山水所在地記曰三危山在鳥鼠之西南孔安國曰黑水自北而南經三危過梁州入南海也【正義】括地志云黑水源出伊吳縣北百二十里又南流二千里而絕三危山在沙州敦煌縣東南四十里按南海即揚州東大海岷江下至揚州東入海也其黑水源在伊州從伊州東南三千餘里至鄯州鄯州東南四百餘里至河州入黃河河州有小積石山即禹貢浮於積石至於龍門者然黃河源從西南下出大崑崙東北隅東北流經于闐入鹽澤即東南潛行入吐谷渾界大積石山又東北流至小積石山又東北流來處極遠其黑水當洪水時合從黃河而行何得入于南海南海去此甚遠阻隔南山隴山蜀山之隔當是洪水浩浩處西戎不察故功古文故有疏略也 道河積石【索隱】爾雅云河出崑崙墟其色白漢書西域傳云河有兩源一出蔥嶺一出于闐于

學稼廬藏簡易氏之室　匪易氏无咎成在、、、

大夏

日本

大夏

漢志：隴西郡大夏縣（在臨洮府河州東南）。水經注：
河水又左合大夏川水（一作大夏，今三岔河），出西山，二源合舍而亂
流，逕金紐城南，又東北逕大夏縣
故城南。隋地理志云：枹罕郡[illegible]大夏[illegible]
東北出山入洮。

大夏 豎沙 居繇 月支 之國

山海經十三、一頁

勉案：畢本十二卷五頁，從郝説……

山海經各本作何本而大夏國

東經之國在流沙中，豎沙都……

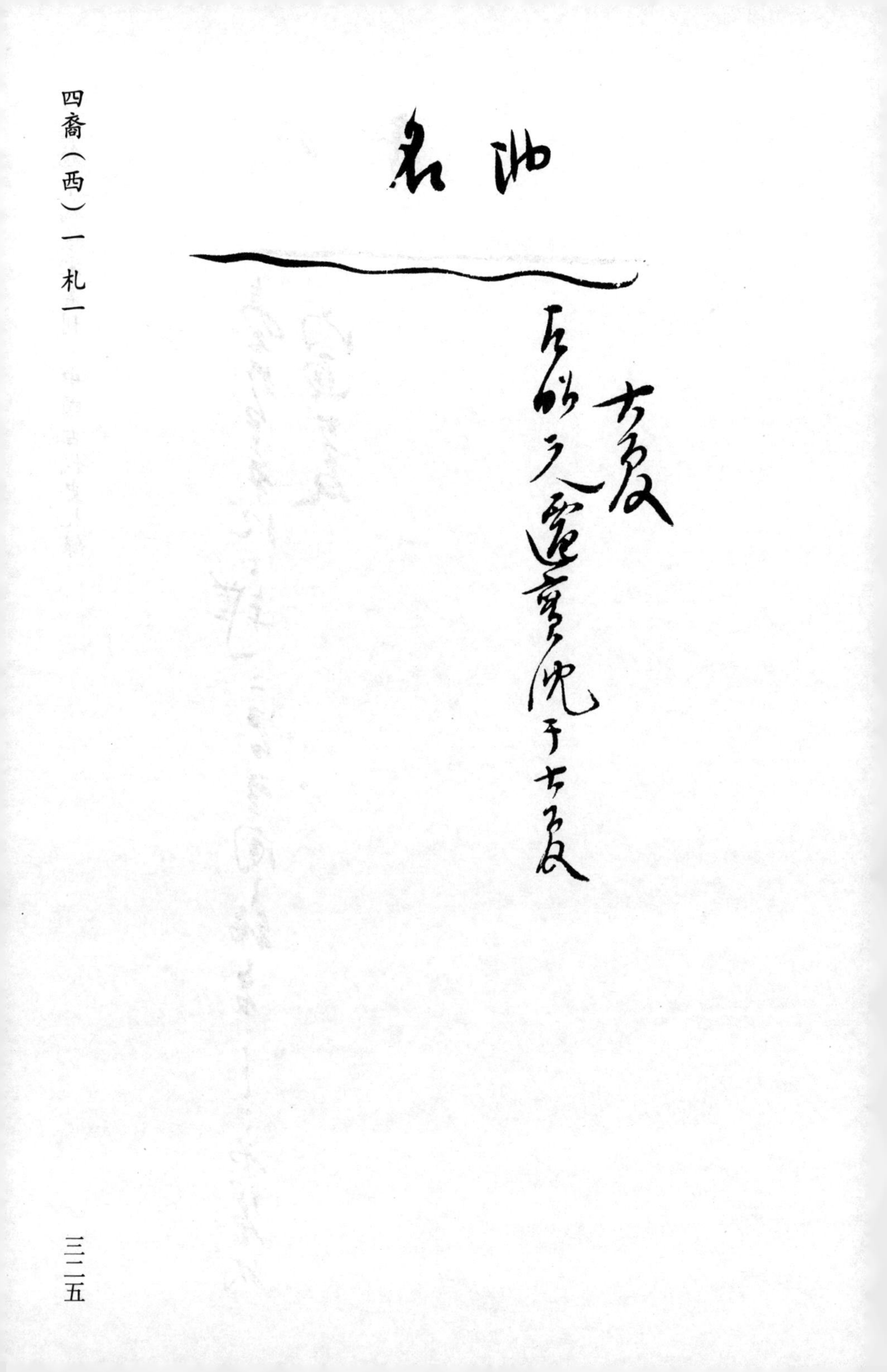

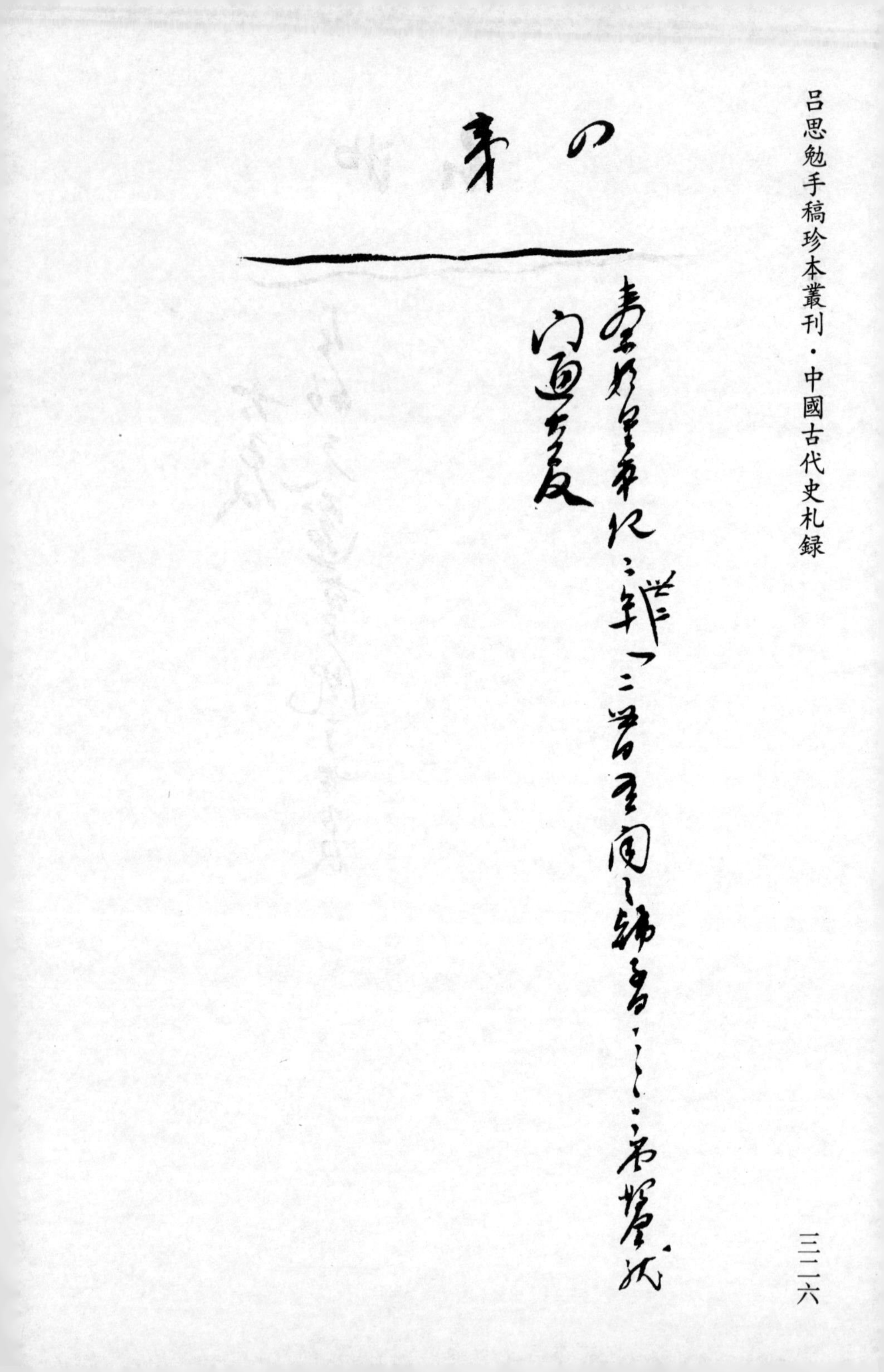

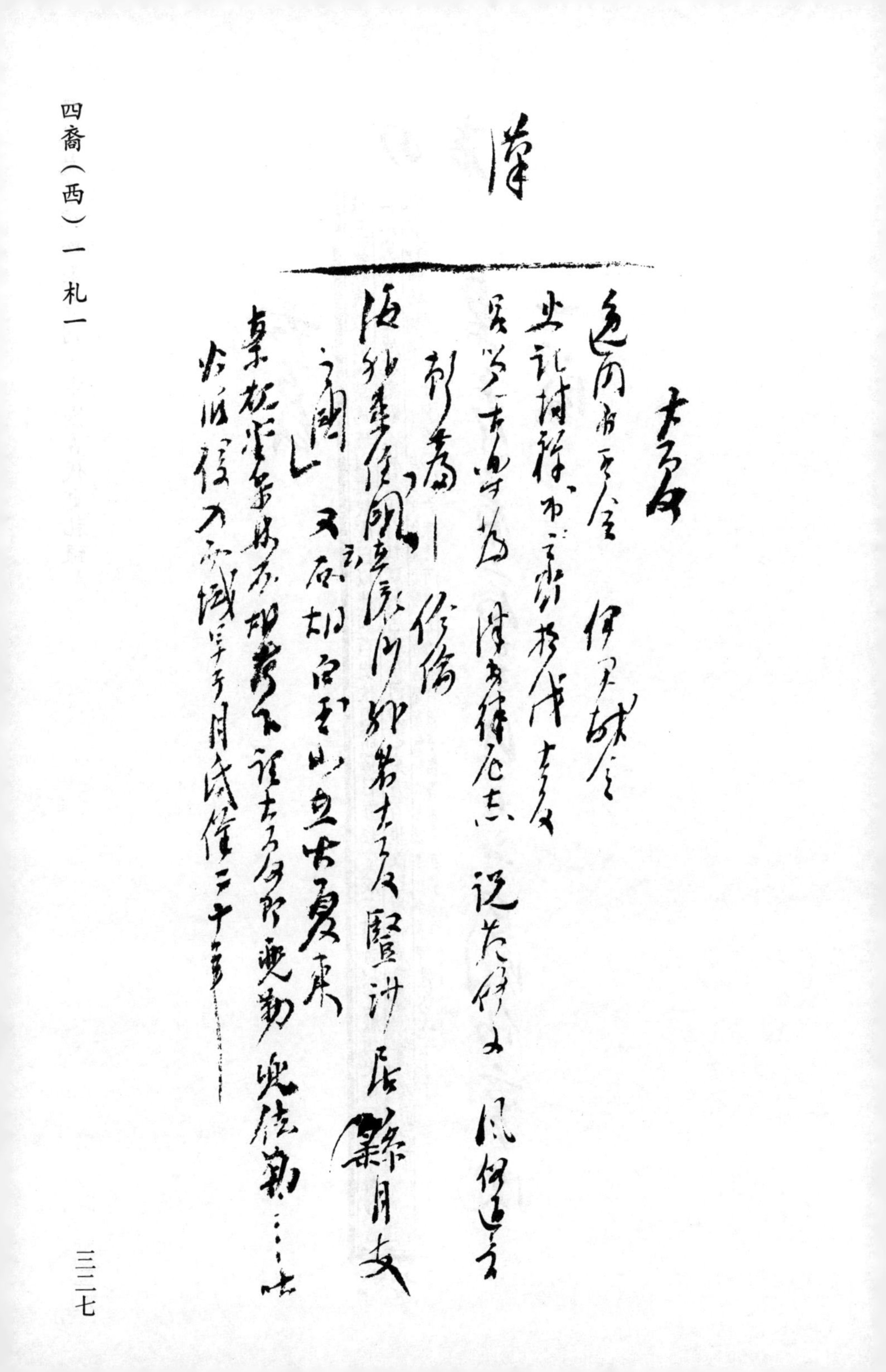

[illegible]

大夏

成王與叔虞戲削桐葉爲珪以與叔虞曰以此封若史佚因請擇日立叔虞成王曰吾與之戲爾史佚曰天子無戲言言則史書之禮成之樂歌之於是遂封叔虞於唐唐在河汾之東方百里故曰唐叔虞【集解】世本曰居鄂宋忠曰鄂地今在大夏【正義】括地志云故鄂城在慈州昌寧縣東二里按與絳州夏縣相近禹都安邑故城在縣東北十五里故云在大夏也然封于河汾二水之東方百里正合在晉州平陽縣不合在鄂未詳姓姬氏字子于

晉世家

唐の

集解看高辛氏二子閼伯實沈

一段

又作阿房之宮治直馳道賦斂愈重戍徭無已於是楚戍卒陳勝吳廣等乃作亂起於山東傑俊相立自置為侯王叛秦兵至鴻門而卻李斯數欲請閒諫二世不許而二世責問李斯曰吾有私議而有所聞於韓子也曰堯之有天下也堂高三尺采椽不斲【集解】徐廣曰采一名櫟一作柞【索隱】采木名即今之櫟木也茅茨不翦雖逆旅之宿不勤於此矣冬日鹿裘夏日葛衣粢糲之食【索隱】粢音資糲音郎葛反粢者稷也糲者麤粟飯也藜藿之羹飯土塯【集解】徐廣曰一作簋啜土鉶【集解】駰案音刑雖監門之養不觳於此矣【集解】徐廣曰觳音鷇觳一作穀推也【索隱】爾雅云觳盡也言監門下人飯猶不啻此若徐氏云一作穀則字宜作轂鄒氏音角禹鑿龍門通大夏疏九河曲九防【正義】謂河之九曲為隄防決渟水致之海【集解】徐廣曰致一作放而股無胈【集解】駰案胈膚毳皮脛無毛手足胼胝面目黎黑遂以死于外葬於會稽臣虜之勞不烈於此矣然則夫所貴於有天下者豈欲苦形勞神身處逆旅之宿口食監門之養手持臣虜之作哉此不肖人之所勉也非賢者之所務

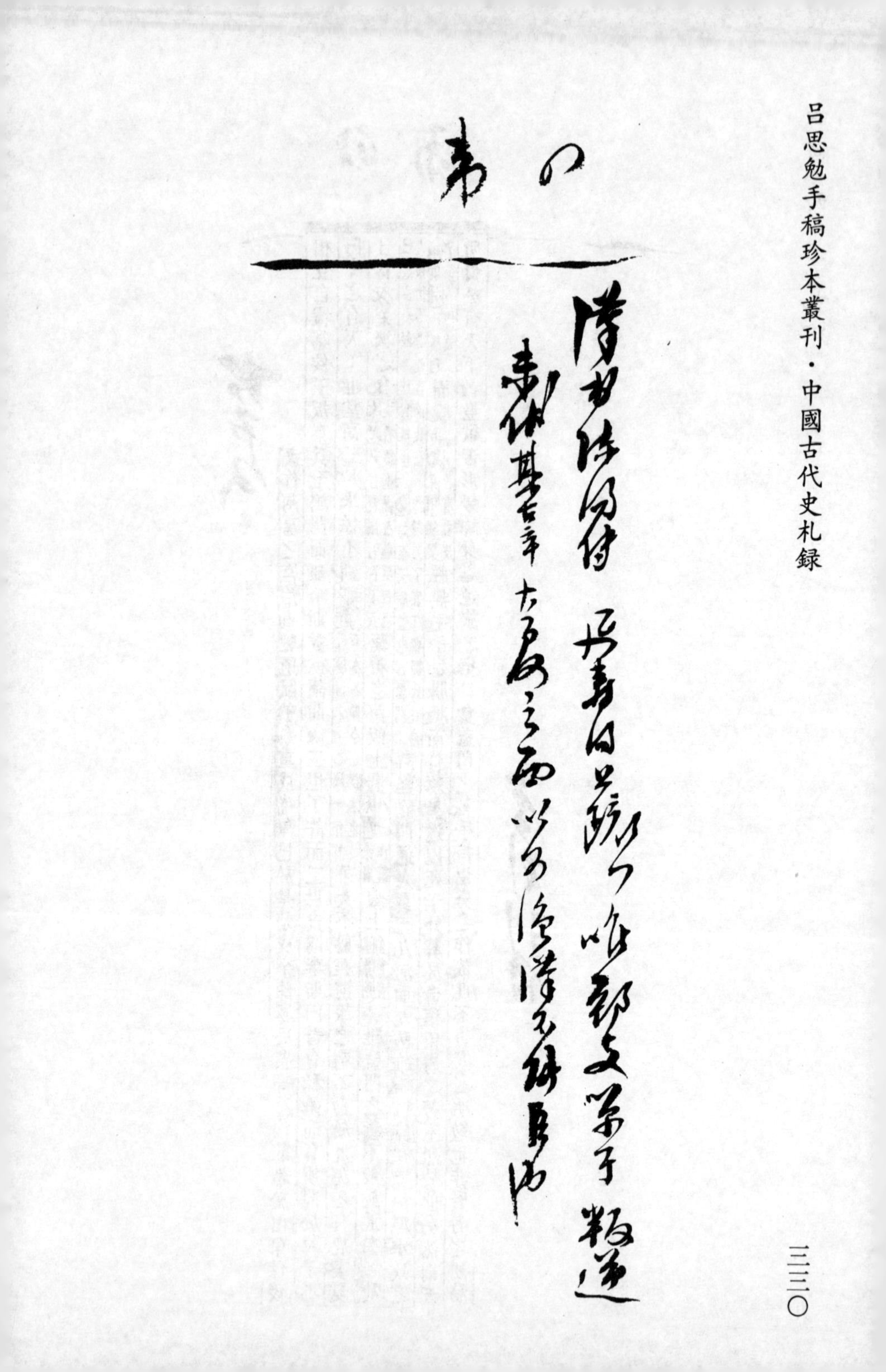

[illegible]

鬼方

[illegible]

東口

九三兄

出使俄國平代以所伯葛泰庚

鬼方

〔詩〕覃及鬼方

〔傳〕鬼方遠方也 〔正義〕覃及是及遠故知鬼方是遠方未知何方也〕

〔後漢書肅宗紀〕克伐鬼方開道西域

〔又西羌傳〕后桀之亂畎夷入居邠岐之閒成湯既興伐而攘之及殷室中衰諸侯皆叛至于武丁征西羌鬼方三年乃克

〔易緯乾鑿度〕高宗内理其國以得民心扶救衰微[illegible]舊伐削楚蘇

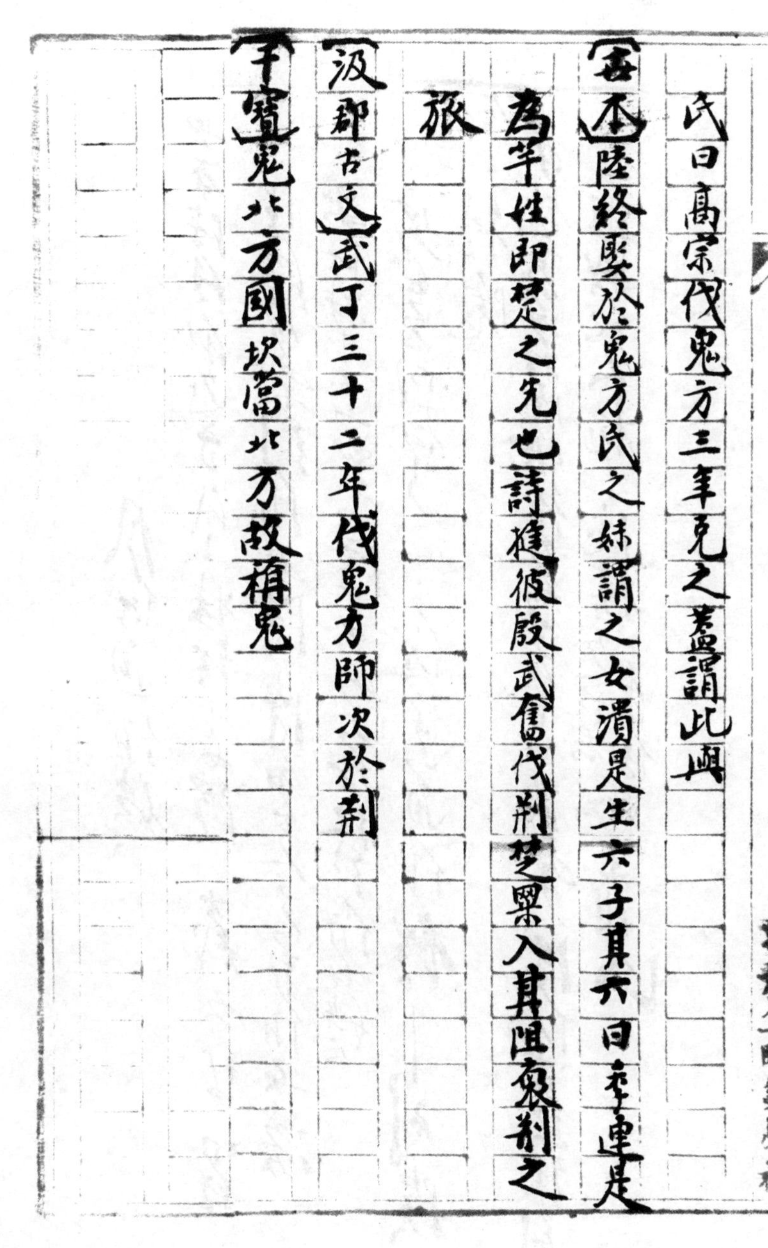
氏曰高宗伐鬼方三年克之蓋謂此與
〔西本〕陸終娶於鬼方氏之妹謂之女潰是生六子其六日季連是
爲芈姓即楚之先也詩撻彼殷武奮伐荆楚罙入其阻裒荆之
旅
〔汲郡古文〕武丁三十二年伐鬼方師次於荆
〔干寶〕鬼北方國圾當北方故稱鬼

凡從回通作嬇

世本陸終取鬼方氏之妹謂之女隤　大戴帝繫

注隤[illegible]作女隤　漢書古今人表作女潰

史記楚世家索隱與路史後紀引作女嬇

[illegible]同聲——隤字亦通作饋——則隤

轉隤

[illegible]隤[illegible]知[illegible]人隤[illegible]

[illegible]人[illegible]隤[illegible]傳[illegible]非人也

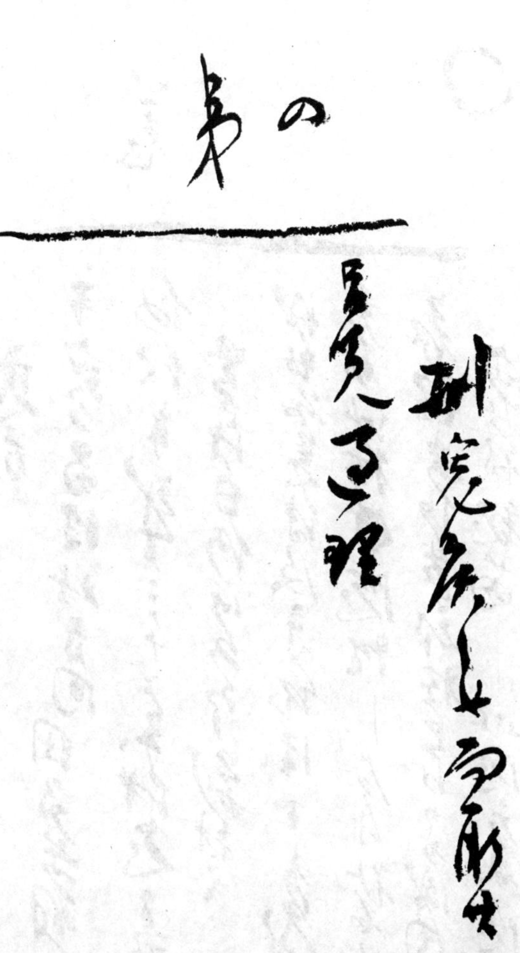

○ 卷一

鬼方

王靜安謂即北方國因為某種名

紀年武丁三十二年伐鬼方次於荊

蓋時自殷以至周荊楚

殷周之際及其時又王季伐西落鬼戎

春秋時赤狄隗姓——左氏狄女隗氏

鄭語史伯告鄭桓公曰當成周者西有虞虢晉隗

霍楊魏芮——此隗當即隗姓赤狄 祝考

四裔

高宗伐楚　氐羌不服　路七千里

高宗伐楚

殷武。祀高宗也。疏殷武六章首章六句二章七句三章五句四章五章章六句卒章七句至高宗。○正義曰殷武詩者祀高宗之樂歌也高宗前世殷道中衰宮室不脩荊楚背叛高宗有德中興殷道伐荊楚脩宮室既崩之後子孫美之詩人追述其功而歌此詩也經六章首章言伐楚之功二章言責楚之義三章四章五章述其告曉荊楚卒章言其脩治寢廟皆是高宗生存所行故於祀而言之以美高宗也

撻彼殷武。奮伐荊楚。罙入其阻。裒荊之旅。撻疾意也殷武殷王武丁也荊楚荊州之楚國也罙深裒聚也箋云有鍾鼓曰伐罙冒也殷道衰而楚人叛高宗撻然奮揚威武出兵伐之冒入其險阻謂踰方城之隘克其軍率而俘虜其士衆。○撻他達反韓詩云達也罙面規反說文作罙從內米云冒也阻莊呂反險也裒蒲侯反冒莫報反下同隘於懈反窄也俘音孚四也

有截其所。湯孫之緒。箋云緒業也所猶處也高宗所伐之處國邑皆服其罪更自勑整截然齊壹是乃湯孫大甲之等功業。○處昌慮反下同疏撻彼至之緒。○毛以爲撻然而疾者彼殷王之武丁也又言其疾之意乃能奮揚其威武往伐荊楚之國深入其險阻之內聚荊國之人衆俘虜而以歸也既伐楚克之則無往不服有截然而齊整者其高宗往伐之處所是高宗之功乃湯之爲人子孫之業也美高宗之伐與湯同也鄭以罙爲冒又以湯孫之緒爲太甲之等功業高宗之功與太甲之等同也餘

十三經注疏　詩二十之四　商頌　三七一

鬼方

文王曰咨咨女殷商如蜩如螗如沸如羹蜩蟬也螗蝘也箋云飲酒號呼之聲如蜩螗之鳴其笑語沓沓又如湯之沸羹之方熟。蜩音條螗音唐沸方味反蟬市延反字林云蟪蛄蝘音偃蟬屬也草木疏云一名蝒蟟青徐謂之螇螰楚人名之蟪蛄秦燕謂之蛥蚗或名之蜓蚞郭云俗呼爲胡蟬江南謂之螗蛦沓徒荅反**小大近喪人尚乎由行**言居人上欲用行是道也箋云殷紂之時君臣失道如此且喪亡矣時人化之甚尚欲從而行之不知其非。近喪附近之近又如字注同**內奰于中國覃及鬼方**奰怒也不醉而怒曰奰鬼方遠方也箋云此言時人忕於惡雖有不醉猶好怒也。奰皮器反舊音備覃徒南反忕市制反又時設反說文云習也奸呼報反

疏文王至鬼方。毛以爲文王曰咨咨嗟汝殷商汝君臣飲酒其號呼如蜩之聲如螗之鳴言其讙譁之無次也其笑語如湯之沸如羹之熟言其噂沓無節也王者所行無小無大莫不皆近喪亡以此行居人之上於是猶欲下民用行此道也由君欲民行故天下化之惡及四遠王初奰然不醉而怒在於中國但人皆傚之此奰然惡行乃延及中國之外至於鬼方之遠鄉言其惡化之廣也。鄭唯小大近喪謂君臣失道近於喪亡時人化之甚猶尚於是欲從而行之言舉世皆不知其惡也。傳蜩蟬螗蝘。正義曰釋蟲云蜩蜋蜩螗蜩舍人曰皆蟬也方語不同三輔以西爲蜩梁宋以東謂蜩爲蝘楚地謂之蟪蛄楚辭云蟪蛄鳴兮啾啾是也陸機疏云螗一名蝘虭字林虭或作蜋也青徐人謂之螇螰然則螗蝘亦蟬之別名耳。箋飲酒至方熟。正義曰文承號呼之下蜩螗多聲之蟲故知號呼之聲如蜩螗也沸無食名故知唯是沸湯羹熟則停故知其欲熟以羹湯非蟬之類故以比笑語亂有燕笑語兮但不得沓沓無節耳。傳言居至是道。正義曰如傳此言則以尚爲上由爲用言居人上欲用行此道謂欲使天下民從己之行。箋殷紂至其非。正義曰以言近喪紂實喪亡鬼方殷之諸侯則其言施於紂世故云殷紂之時以覃及鬼方是化流於遠故易傳以爲時人化之甚尚欲從而行之不知其非由人傚其非欲從而行之不知其非故惡及遠地爲文之次也。傳奰怒至遠方。正義曰西京賦云巨靈奰屭以流河曲則奰者怒而自作氣之貌故爲怒也怒不由醉而云不醉而怒者以其承上醉事嫌是醉時之怒故辨之焉此雖怒時不醉乃是醉醒而怒亦由酒醉所致故既言飲酒無節即又責其奰怒也中國是九州覃及是及遠故知鬼方遠方未知何方也易既濟九三高宗伐鬼方三年乃克象曰憊也言疲憊而後克之以高宗之賢用師三年憊而乃克明鬼方是遠國也

箋

[illegible]

宪國
山海經十二、二頁
勉案三三頁又見十一、一頁上開題見十六
又見｜冀州部十一、一頁

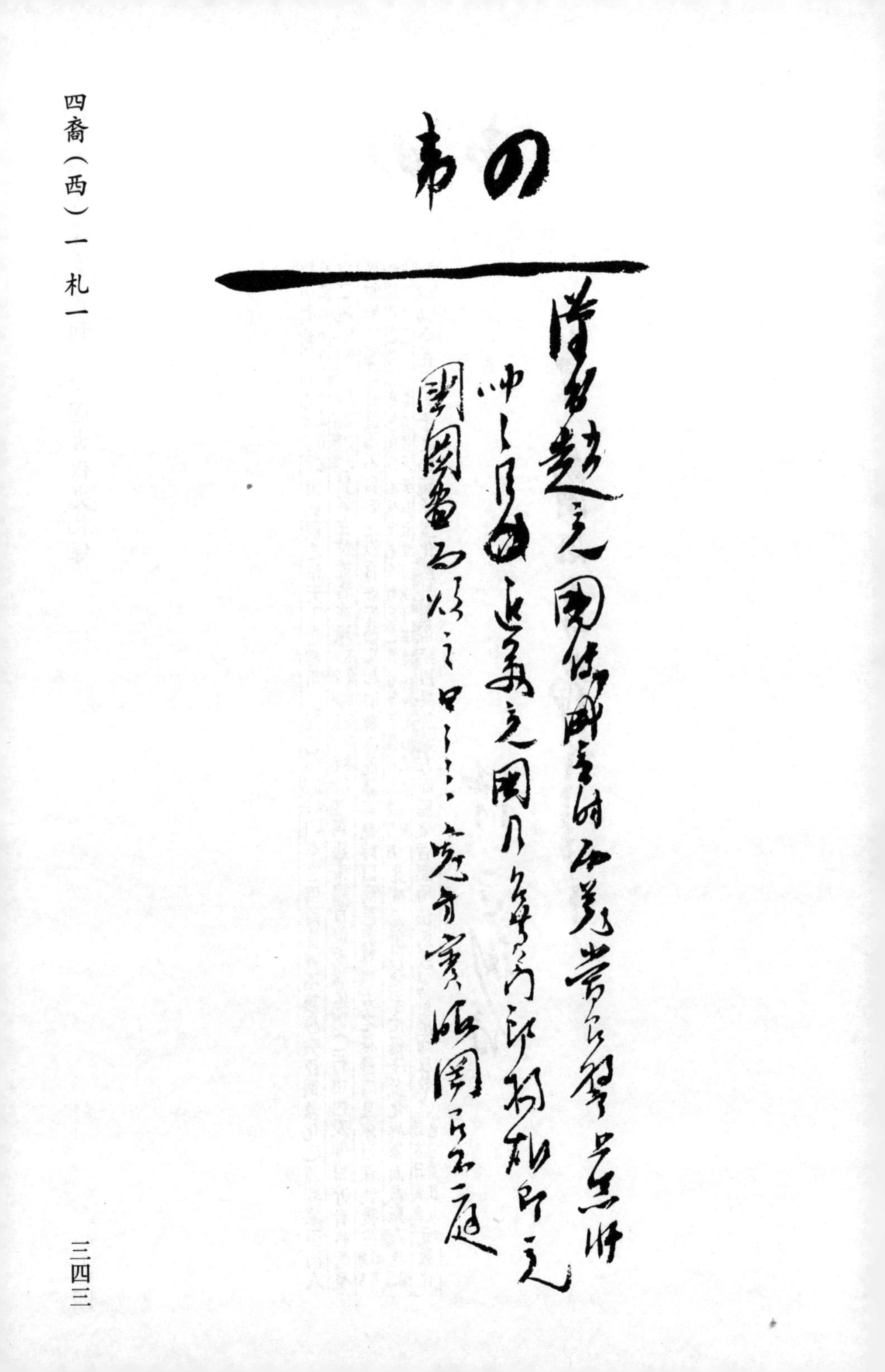

人怨○宋祁曰注文父子而居之浙本作父子而君之由此觀之治天下者審所上而已師古曰上謂崇尚也今之僞薄忮害不讓極矣臣聞教化之流非家至而人說之也師古曰言非家家皆到人人而說也賢者在位能者在職○宋祁曰下在字越本作布字别本司朝廷崇禮百僚敬讓道德之行由內及外自近者始然後民知所法遷善日進而不自知是以百姓安陰陽和神靈應而嘉祥見詩曰商邑翼翼四方之極壽考且寧以保我後生師古曰商頌殷武之詩也商邑京師也極中也言商邑之禮俗翼翼然可則效乃四方之中正也王則壽考且安以此全守我子孫也○宋祁曰我一作爾此成湯所以建至治保子孫化異俗而懷鬼方也應劭曰鬼方遠方也今長安天子之都親承聖化然其習俗無以異於遠方郡國來者無所法則或見侈靡而放效之師古曰放依也音甫往反此教化

乾隆四年校刊

史記卷四十二　世家　四十三

鄭桓公友者周厲王少子而宣王庶弟也[集解]徐廣曰年表云母弟宣王立二十二年友初封于鄭[索隱]鄭縣名屬京兆秦武公十一年初縣杜鄭是也又系本云桓公居棫林徙拾宋忠云棫林與拾皆舊地名是封桓公乃名爲鄭耳至秦之縣鄭是鄭武公東徙新鄭之後其舊鄭乃是故都故秦始以爲縣也出地理志封三十三歲百姓皆便愛之幽王以爲司徒[集解]韋昭曰幽王八年爲司徒[索隱]韋昭據國語以爲說耳和集周民周民皆說河雒之間人便思之爲司徒一歲幽王以褒后故王室治多邪諸侯或畔之於是桓公問太史伯[集解]虞翻曰周太史曰王室多故予安逃死乎太史伯對曰獨雒之東土河濟之南可居公曰何以對曰地近虢鄶[集解]徐廣曰虢在成皋鄶在密縣駰案虞翻曰虢姬姓東虢也鄶妘姓[正義]括地志云洛州氾水縣古東虢叔之國東虢君也又云故鄶城在鄭州新鄭縣東北三十三里虢鄶之君貪而好利[索隱]鄭語云虢叔恃勢鄶仲恃險皆有驕侈又加之以貪冒是也虢叔文王弟鄶妘姓之國也百姓不附今公爲司徒民皆愛公公誠請居之虢鄶之君見公方用事輕分公地公誠居之虢鄶之民皆公之民也公曰吾欲南之江上何如對曰昔祝融爲高辛氏火正其功大矣而其於周未有興者楚其後也周衰楚必興興非鄭之利也公曰吾欲居西方何如[索隱]國語曰公曰謝西之九州何如韋昭曰謝申伯之國謝西有九州二千五百家爲州其說蓋異此對曰

四言

鄂川翼矣

静兆手録言翼各夫之

勉其知無則不得以鄂音語寬虎生南矣